早稲田社会学ブックレット

［社会学のポテンシャル　1］

大久保　孝治

# 日常生活の社会学



学　文　社

# はじめに

社会学という学問は難しいが面白い。あるいは、面白いが難しい。力点をどちらに置くにせよ、いま、本書を手にしている方は、社会学という学問に何らかの関心をおもちの方であろう。社会学の面白さと難しさはどちらも、「あたりまえのこと（自明性）を疑う」という社会学の基本的なスタンスから来るものではないかと思う。あたりまえのこととしてこれまで気にもとめなかったことのなかに、社会の秘密、社会というものを成り立たせているさまざまな仕掛けを発見するのはドキドキ、ワクワクすることである。他方、あたりまえのことをあたりまえのこととして見るのをやめるためには、非日常的な言語（社会学用語）を習得し、それを使いこなせるようにする必要がある。つまり、社会学の勉強は外国語の勉強に似ている。それは難しいが面白い。あるいは、面白いが難しい。

本書では、日常生活のなかからいくつかの素材を取り上げて、それらを社会学的考察の対象にしている。それは日常会話から外国語の勉強を始めるようなものに見えるかもしれないが、そうではない。第一に、日常会話の勉強はとりあえず役に立つものであるが、日常生活の社会学はさしあたり何の役にも立たない。役に立たないどころか、日常生活を遂行していく上で支障が生じる可能性さえある。日常生活はさまざまなあたりまえのことから成り立っている。いちいちその前で立ち止っていては日常生活は立ち行かない。何も考えずに、あるいは深く考えずに、いつものことをいつものとおり遂行するのが日常生活というものである。これに対して、日常生活の社会学はあたりまえのことの前で立ちどまることを求めるものである。第二に、日常会話の勉強は知的刺激に乏しい退屈なもの（丸暗記）になりがちであるが、日常生活の社会学は「なぜ私たちはそのようにふるまっているのか」を問うものである。日常生活そのものは退屈なものかもしれないが、その正体を解明することは決して退屈なことではない。

日常生活の社会学を外国語の勉強に喩えるならば、日常会話ではなく、むしろ文法の勉強に似ているであろう。ただし、それは文法の教科書には書かれていないような文法、すなわち暗黙の行為規則に焦点を当てたものである。日常生活を日常生活たらしめているのは明示された行為規則ではなく、それに従っていることさえ気づいていないような暗黙の行為規則なのである。

二〇〇八年一月

著　者

# 目次

はじめに　1
第一章　「社会」という言葉……5
一　日常用語としての「社会」　7
二　社会学用語としての「社会」　10
第二章　近代社会の二重構造……17
一　相互作用と規則　18
二　労働とお金の交換・不交換　21
三　二重構造を維持するための仕掛け　24
第三章　日常生活の構造……31
一　生活の構造とは何か　31
二　なぜ生活は構造化するのか　34
三　生活の構造の安定性と不安定性　39
第四章　家族の寝方……44
一　コーディルとプラースの研究　44
二　戦後日本の家族の寝方　47

第五章　電車の座席の座り方……57
一　横長の座席の場合　58
二　対面式の座席の場合　60
三　優先席の場合　64
第六章　電話空間での相互作用……71
一　電話の暴力性と利便性　72
二　電話の非人間性と人間性　77
第七章　「私」の作られ方……86
一　幼児期の社会化　87
二　人間と自己イメージ　91
三　自己イメージの形成と変容　95
おわりに　102
参考文献　104

# 第一章

# 「社会」という言葉

## (1) 日常用語と社会学用語

社会学に限らず、どのような学問にも、その学問に固有の言葉（専門用語）というものがある。ある学問を学ぶとは、その学問に固有の言葉を学ぶことだといってもいい。社会学を学ぶということは、社会学に固有の言葉（社会学用語）を学ぶことである。そうやって習得した言葉を使って、あなたは社会学のレポートや試験の答案を書くことになるだろう。しかし、おそらくそれだけではなくて、社会学の言葉を学んだ人は、自分の周囲の世界（そこには自分自身も含まれる）を社会学の言葉を通して眺め、語り、ときには変えようと試みるようになるだろう。言葉にはそうした力があるのだ。

社会学の専門用語を網羅した辞典がある。ハンディなものから片手では持ち上げられないものまで、大小の社会学辞典（事典）が出ている。さきほど、社会学を学ぶとは社会学に固有の言葉を学ぶことだといった。しかし、だからといって、社会学辞典を最初のページから読んでいくという勉強法は（まさか実践しようとする人はいないとは思うが）賢明ではない。辞典というものは、通常、アイウエオ順ないしアルファベット順で言葉を配列している。隣接する言葉同士は、見かけが近似していても、必ずしも意味は近似してはいない。意味がバラバラの言葉を頭の中に順次インプットしていっても、言葉のシステム（この場合は社会学的思考のシステム）は構築できない。ある言葉の意味というものは、それと近似した言葉や対立する言葉との関連において、はじめてはっきりとするものである。具体的には、あるキーワードを設定して、それを中心に据えて、類似語や反対語とリンクさせながら、言葉のシステムを作っていくのがよい勉強法だろう。

## (2)「社会」から始めよう

というわけで、本章では、「社会」をキーワードにして、社会学的思考のシステムの構築の第一歩を踏み出そうと思う。社会学とは文字通り「社会」を対象とした学問であるわけだから、最初に取り上げる専門用語としてこれ以上のものはあるまい。ただし、注意しなくてはならないのは、「社会」という言葉は社会学の専門用語であると同時に、いや、それ以前に、日常用語でもあるという点である。両者はまったく別物ではないが、かといって、同じものでもない。似ているようで似ていない。それが社会学の入門者にとってはしばしば躓きの石となる。子どもの頃から慣れ親しんでいる言葉なので、油断してしまうのであろう。両者は何が違うのか、そして何が共通なのか。

# 一　日常用語としての「社会」

## (1)「社会へ出る」という言い方

日常用語としての「社会」の典型的な用例は「社会へ出る」である。「社会人」という言葉もこれと関連していて、「社会へ出た人」のことを「社会人」というわけである。分析的に考えてみると、「出る」という行為は、たんなる平面上の移動ではなくて、内部（領域A）から外部（領域B）へ、その仕切りを越えて移動することを意味する。「社会へ出る」という表現には、移動先である領域Bが「社会」であることは明記されているが、移動前の領域Aは明記されていない。明記されていないのはそれが不明だからではなくて、自明であるから、暗黙の了解の下にあるからである。では、改めて問う。「社会へ出る」以前、人はどこにいたのか。領域B（社会）に対応する領域Aとはどんな場所なのか。

正解は一つではない。少なくとも私たちは二つの解答をすぐに思いつく。第一は、学校である。大学の卒業式の祝辞のなかで学長や来賓が卒業生に向かって、「君たちは今日から社会へ出ます」と述べたりする。卒業生たちが昨日までいた場所は学校である。卒業生たちは「学校から社会へ出る」のである。第二は、家庭である。テレビや新聞などのメディアで「女性の社会進出」という表現を目にすることがある。「社会進出」と「社会へ出る」は同義である。いや、たんに「出る」というよりも「進出」といった方が、旧来の場所から新しい場所へ出て行くというニュアンスが付加されている。

「社会へ出る」と関連する表現に「社会復帰」という表現がある。これは一度社会へ出た人が、何らかの理由で社会から退き、その後、再び社会へ出る（戻る）ことをいう。何らかの理由とは、具体的には、病気や怪我、それから犯罪などである。この場合、社会に復帰する直前にいた場所は、病院や施設、刑務所などである。

## (2)「社会」とは労働市場のこと

さて、このように見てくると、日常用語としての「社会」とは労働市場のことであると理解することができる。そこで人は働いて収入を得る。別のいい方をすると、そこでは人は労働力として売買の対象（商品）となる。学生が大学を卒業しても、それだけでは社会へ出たことにはならない。就職してはじめて社会へ出たと自他ともに認められるのだ。女性が社会へ出るとは、専業主婦ないしは家事手伝いをしていた（あるいはそうなることを期待されていた）女性たちが、家庭の外で仕事をもつことをいう。「社会復帰」というのも、病気や怪我、あるいは犯罪などの理由で仕事ができなくなった人が、治療・療養を終えて、あるいは刑期を終えて、労働市場に戻ってくることをいう。

逆にいえば、家庭・学校・病院・刑務所などは、人が労働市場への参入を猶予、免除あるいは禁止された特別の場所として「社会」の内部に隔離されている。日常用語としての「社会」にはこの内側の領域は含まれないのである。

ここで注意が必要なのは、教師にとっての学校、医師や看護師にとっての病院、看守にとっての刑務所は、職場すなわち労働市場としての「社会」であるということである。

哲学者の西田幾多郎は京都大学を退官するとき、「私の生涯は極めて簡単なものであった。その前半は黒板を前にして坐した、その後半は黒板を後にして立った。黒板に向かって一回転をなしたと云えば、それで私の伝記は尽きるのである」と語った。学校のなかでの西田の「一回転」（正しくは「半回転」であろう）は、「学生にとっての学校」から「教師にとっての学校」への移動であり、「社会へ出る」という行為の一形態である。

山崎豊子の小説『白い巨塔』の主人公、財前五郎は優秀な外科医であったが、自らの誤診をめぐる裁判の途中で癌に倒れ、「社会復帰」をはたすことなく自身が勤務していた大学病院で死ぬ。「医師にとっての病院」と「入院患者にとっての病院」は、空間的には同じであっても、意味的にはまったく別の場所である。労働を猶予、免除あるいは禁止された人びとが収容されている場所である学校・病院・刑務所も、その運営のためには誰かの労働が必要とされる。そうした労働に従事している人にとっては、学校・病院・刑務所は「社会」に属するのである。

## 二　社会学用語としての「社会」

### (1)　社会とは諸個人の相互作用

さて、社会学の専門用語としての「社会」の話に移ろう。結論から先にいえば、社会学では、日常用語としての「社会」よりも「社会」の概念を広くとらえる。領域Ｂ（労働市場）だけが「社会」なのではなく、領域Ａ（非労働市場）もまた「社会」であると考える。

一体、どういうことかというと、社会学用語としての「社会」とは「諸個人が相互作用している状態」のことであるからだ。これは「社会」の社会学的定義としてはミニマムのものであるが、三点、注釈を加えておこう。

第一に、「社会」は個人単独では構成されないということ。たとえば、地上に出現した最初の人間がアダムだとすると、アダム一人だけでは「社会」は成り立たない。「社会」が成立するためには二人目の人間イブの出現をまたなくてはならない。「社会」が成立するための必要最少構成人数は二人である。ただし、二人だけの「社会」というのはかなり特殊な「社会」である。何が特殊なのかというと、そこには第三者が存在しない。第三者が存在しないということは、たとえばその「社会」には嫉妬という感情が存在しないということである。なぜなら嫉妬とは自分に向けられるべき相手の愛情や賞賛が自分以外の第三者に向けられていると人が認識したときに、その第三者に対して生じる感情であるから。嫉妬は一つの例だが、一般に「社会」というものを考える場合、最少構成人数は第三者の出現する三人だと考えるのはそれなりに妥当な考え方であろう。

第二に、「社会」が成立するためには単に複数の個人がいるというだけでは不十分で、彼らの間に相互作用（interaction）が存在しなくてはならない。ＡからＢへの作用（action）があり、BからAへの反作用（reaction）がある。その循環が相互作用である。相互作用はコミュニケーションと言い換えることも可能である。相互作用には媒介となるものが必要で、それは言葉であったり、身体であったり、モノであったり、お金であったりする。お喋りや口喧嘩は言葉による相互作用だが、通常、そこには表情や動作といった身体的言語も動員されている。コンビニのレジでの客と店員はモノ（商品）とお金の交換をしているわけだが、「いらっしゃいませ」「これください」という言葉による相互作用もともなっている。相互作用は必ずしも同じ空間で行われる（対面的である）必要はない。電話での会話は離れた場所にいる者同士の相互作用である。また、相互作用は必ずしも時間的に連続している必要はない。手紙やメールのやりとりは、空間的に離れているだけでなく、時間的にも不連続な相互作用である。

第三に、相互作用の頻度は変動する。非常に活発な相互作用もあれば、消滅しかかっている相互作用もある。「諸個人が相互作用している状態」が「社会」であるということは、「社会」を固定的なものとしてではなく、流動的なもの、変化するものとしてとらえるということを意味している。相互作用が頻繁であるほど「社会らしさ」の程度も高いと考えることができる。また、頻度とは別に、諸個人のメンバーシップ（メンバーとしての資格）という指標も重要である。いつも同じメン

**ソーシャル・ネットワーク・サービス（SNS）**
人と人とのつながりを促進・サポートする、コミュニティ型のウェッブ・サイト。友達・知人間のコミュニケーションの場を提供したり、出身校、趣味、居住地、あるいは「友達の友達」といったつながりを通じて新たな人間関係を構築する場を提供する、会員制のサービスのこと。人のつながりを重視して、あるいは「荒らし」などを防ぐために、「会員からの招待がないと参加できない」というシステムになっているサービスが多い

バーなのか、頻繁に入れ替わるのかで、「社会らしさ」は違ってくる。特定の諸個人の相互作用は輪郭のはっきりした「社会」を形成し、メンバーが流動的な相互作用は外部との境界線が曖昧な「社会」を形成する。相互作用する諸個人の数という指標（大規模な「社会」なのか小規模な「社会」なのか）も、当然、重要である。小規模な「社会」では全員が全員と相互作用することが可能であるが、大規模な「社会」ではそれは困難である。たとえば、「友達の友達」くらいまでなら直接的な相互作用の機会はあるだろうが、「友達の友達の友達」となるとまず無理であろう。大規模な「社会」では、個人が直接的な相互作用でつながっているメンバーよりも、間接的な（誰かを介在した）相互作用でつながっているメンバーの方がはるかに多い。mixi に代表されるソーシャル・ネットワーク・サービス（SNS）は、私たちにこの事実を具体的に認識させてくれるコミュニケーション・ツールである。

## (2)　家族も学校も病院も刑務所も「社会」

さて、「諸個人が相互作用している状態」を「社会」とするならば、日常用語としての「社会」（労働市場）だけが「社会」ではなく、家族も学校も病院も刑務所も「社会」であることは明白であろう。なぜならそこでは、日々、諸個人の相互作用が繰り広げられているのだから。

実際、社会学者たちは労働市場を対象とした研究（労働社会学・産業社会学）だけでなく、家族を対象とした研究（家族社会学）や、学校を対象とした研究（教育社会学）を盛んに行っていて、日本家族社会学会や日本教育社会学会という「社会」もあるくらいだ。このことは社会学者が家族や学校を「社会」とみなしていることの端的な証拠だろう。もしそれらが「社会」でないのなら、社会学の研究対象とはならないはずである。

病院社会学や刑務所社会学という用語は普及してはいないが、社会学者アーヴィン・ゴフマンは、『アサイラム』という論文集で、精神病院、刑務所、兵営、修道院といった全制的施設（total institution）に収容された人びとの日常生活を彼らのアイデンティティの再編成過程として記述・分析している。また、社会学者イワン・イリイチは、『脱病院化社会』という著作のなかで、高度化した現代の健康管理制度はかえって医療それ自体を原因とする病気（医原病）を生んでいるという批判を展開している。さらに、社会学者ではないが、きわめて社会学的な哲学者ミッシェル・フーコーは、『監獄の誕生』という著作のなかで、監獄に閉じ込められた人間が自分を監視する権力のまなざしを内面化し、そのことによって自己を主体化していくメカニズムについて論じている（このメカニズムは学校・軍隊・工場・病院などにも当てはまるとされている）。

**全制的施設（total institution）**
社会学者ゴフマンの用語。精神病院、刑務所、兵営、修道院のように、類似の人びと（精神病患者、囚人、兵士、修道士など）が外部社会から隔離されて、厳しい管理の下で、生活をする施設のこと

というわけで、社会学者は「諸個人が相互作用している状態」をすべて「社会」としてとらえ、そこにアプローチしていくわけだが、ただし、このことは領域A（非労働市場）と領域B（労働市場）という区別そのものをしないということではない。そうではなくて、諸個人の相互作用が存在するという点は共通だけれども、相互作用の性質に違いがある（社会のタイプが違う）と考えるのである。その話は次章で。

**喫茶室**

### 日本語としての「社会」

本章では日常用語としての「社会」と社会学用語としての「社会」の比較検討を行ったが、ここで、日本語としての「社会」について述べておこう。日本語としての「社会」は、ほとんどの熟語とは違って、中国から輸入されたものではない。「社」および「会」はもちろん漢字だが、「社会」という熟語は日本人の手になる造語（いわゆる和製漢語）である。同種のものに「野球」「郵便」「恋愛」「哲学」「科学」などがある。和製漢語の多くは西洋語の翻訳という必要に迫られて作られたもので、西洋との接触が活発化した明治時代に量産された。ある西洋語に対応する言葉がすでに日本語にある場合、その対応に気づけば、翻訳は比較的簡単である。困るのは西洋語に対応する日本語がない場合である。たとえば、baseballに対応する事物は当時の日本にはなかった。こういう場合、「ベースボール」とカタカナ表記にするか、新しい日本語（和製漢語）を作るか、基本的にはどちらかであるが、明治の日本人は後者を好んだ。「野球」という言葉はこうして生まれたのである。

では、society に対応する事物がなかった（だから「社会」という新しい日本語を作る必要があった）というのはどういうことだろう。諸個人の相互作用という現象は当時の日本にも存在していたはずである。実は、最初は society に対応する事物が日本にもあるという前提で、「世間」とか「寄合」とか「社中」といった既存の日本語をそれに当てようとしていた。しかし、ここが当時の学者のすごいところなのだが、やがて society に対応する事物は日本には存在しないことに気づくのである。つまり、society というのは単なる諸個人の相互作用ではなくて「自由で、平等な」諸個人の相互作用という含意があるのである。そこには西洋の市民社会の理念が反映している。もちろん当時の日本にはそうした society は理念としてさえ存在してはいなかった。福沢諭吉は、定着はしなかったものの、society を「交際」と訳したりしていたが、その知的臭覚はきわめて鋭かったといわねばならない。いくつかの造語が考案された結果、最終的に「社会」という言葉が society の訳語として定着した。その考案者は、『西国立志編』（サミュエル・スマイルズの Self Help の翻訳）の訳者として知られる中村正直だといわれている。

# 第二章

## 近代社会の二重構造

前章では、「社会へ出る」という慣用句の分析を通して、社会学用語としての「社会」は労働市場だけでなくその内部に隔離されている領域（家庭・学校・病院・刑務所など）をも含むものであることを論じた。本章では、二つの領域が共に「社会」であるとした上で、では、両者の違いは何かということを問題にする。なお、これからは「社会」という言葉を一貫して社会学用語として使用するので、「　」は外すことにする。

## 一　相互作用と規則

### (1)　相互作用はデタラメに行われているのではない

本題（二つの領域の違いは何か）に入る前に、確認しておきたいことがある。それは、諸個人の相互作用というものはデタラメに行われているわけではないということである。諸個人の相互作用は、当人たちがそれを意識しているかどうかは別として、何かしらの規則に従って行われている。たとえば、ジャンケンという遊戯は、グー、チョキ、パーという三種類のカテゴリー、それらの間に存在する三すくみの強弱関係、そして「後出しは禁止」などの規則から成り立っている。A君がB君に「ジャンケンしよう」とよびかけて、すぐに二人がジャンケンを始められるのは、二人がジャンケンの規則を知っている（共有している）からである。

相互作用の規則は学習が可能である。いまジャンケンというものを知らないC君がいるとする。A君がC君に「ジャンケンしよう」とよびかけても、C君は「ジャンケンって何？」と当惑する。しかしA君とB君がジャンケンをする様子をしばらく観察していれば、ジャンケンという相互作用がどのような規則に従って行われているのかを理解するだろう。こうしてC君は「ジャンケンをする人びと」という社会（集団）のメンバーになることができる。相互作用の規則はまずC君の外部に存在し、学習の結果、C君の内部に取り込まれた。内部に取り込まれた規則はC君の行為を内面から（自主的に）規制する働きをする。グー、チョキ、パーがはっきりと識別できないような出し方をしたり、後出しをしたりしないように気をつける。同時に、他者がそうした規則違反をしないように監視する。こうしてC君はあたかもジャンケンの規則の代理人として振舞うようになる。すでにA君、B君はジャンケンの規則の代理人であるから、新たにC君を加えた三人は、「ジャンケンをする人びと」という相互監視システムを形成することになる。

## (2)　明示された規則と暗黙の規則

ところがそのC君、ジャンケンのやり方を覚えたのが嬉しかったらしく、授業中にジャンケンを始めてしまった。当然、教師から叱られる。これはC君がジャンケンの内部規則（ジャンケンのやり方）は学習したものの、「授業中にジャンケンをしてはいけない」という状況との関係規則については学習していなかったためである。通常、「授業中のジャンケン禁止」といった貼紙が教室の壁に貼られていることはない。もし授業中にしてはいけないことを全部紙に書いて、居酒屋の品書きのように教室の壁に貼ったとしたら、間違いなく貼紙で壁が見えなくなるだろう。しかし、「授業中のジャンケン禁止」という貼紙がないからといって、C君のように授業中にジャンケンをしても構わないのだと考える者はめったにいないはずである。「授業中のジャンケン禁止」はあたりまえであり、わざわざ貼紙にするほどのことではないのだ。このように規則を明示しなくても、ほとんどの人が従っているような規則のことを「暗黙の規則」とよぼう。常識、慣習、伝統などはこの「暗黙の規則」である。これに対して法律や交通規則は、文章や標識の形ではっきりと示されているので、「明示された規則」である。明示された規則は規則全体のなかのごく一部、氷山の一角に過ぎない。私たちが他者と相互作用をしている社会的空間は目に見えない「暗黙の規則」で満ちている。にもかかわらず、私たちがそれに抵触しないで日々の生活を送っていられるとしたら、それは私たちが子どもの頃からそれらを学習し、深く内面化しているからに他ならない。自分がそれに従っていることさえ気づいていない規則を破ることは難しい。

社会学者はこの「暗黙の規則」に関心をもっている。社会学者は人びとの相互作用の様子を観察したり、人々にインタビュー調査やアンケート調査をすることで、相互作用の背後にある「暗黙の規則」を明るみに出そうとする。それはちょうど物理学者が物体の運動を観察して物理法則を発見しようとするのに似ている。実際、「社会学」という言葉の創始者であるオーギュスト・コントは、当初、社会学ではなく、「社会物理学」という用語（サン＝シモンの発案した用語）を使っていた。

## 二　労働とお金の交換・不交換

### (1)　賃金労働とシャドウ・ワーク

さて、本題に入ろう。労働市場とその内部に隔離された領域、この二つの社会の違いは何か。それはそこで展開されている人びとの相互作用を規定している規則の違いである。労働市場では個人は働いて収入を得ている。つまり労働とお金（賃金）の交換がなされている。賃金は、時給・日給・月給という形で労働を時間に換算して支払われる場合と、商品を一個作ったら（あるいは売ったら）いくらというように出来高払いで支払われる場合とがある（両者の組み合わせという場合もある）。これに対して、労働市場の内部に隔離された領域でなされる労働、たとえば家事労働に対して賃金が支払われることはない。一方では労働とお金が交換され、他方では労働とお金は交換されない。もし労働市場で労働に対して賃金が支払われなかったら、あるいは支払われても不当に安いものであったら、それは規則（法律）違反になる。しかし、主婦が家事や育児や介護という労働をしても、誰も彼女にお金を支払おうとはしないであろうし、彼女自身それを求めないであろう。これが二つの社会の大きな違いである。

ここで注意すべきは、非労働市場にも労働は存在するということである。労働市場の労働とは賃金労働のことであって、それはあくまでも労働の一部であり、労働には賃金が支払われない労働、社会学者イワン・イリイチいうところのシャドウ・ワーク（shadow work）というものがある。シャドウ・ワークは主婦が行う家事・育児・介護だけではない。生徒が学校で勉強すること、患者が病院で治療を受けること、犯罪者が刑務所で刑に服すること、これらはすべてシャドウ・ワークである。「学生は勉強するのが仕事」「病人の仕事は病気を治すこと」「お務めを終えてシャバに出る」などの表現は、勉強・療養・服役が労働の一種であることを物語るものである。こうした観点から労働を定義するならば、労働とは個人が所属する集団（社会）の維持のために役割として期待されている活動である。仕事でミスばかりするサラリーマンが「ダメなサラリーマン」とみなされるのと同じように、家事をしない主婦は「ダメな主婦」であり、勉強しない生徒は「ダメな生徒」であり、医者の指示に従わない患者は「困った患者」であり、看守の指示に従わない囚人は「問題のある囚人」であるとみなされる。

**シャドウ・ワーク（shadow work）**

社会学者イリイチの用語。労働市場の外部にあって、賃金が支払われない労働のこと。主婦の家庭内労働がその典型であるが、生徒の学業、患者の療養、受刑者の服役などもこれに含まれる。これらは労働市場での労働の主体（賃金労働者）の生産やメンテナンスやアフターケアであったり、賃金労働としてのサービス（教育、医療）の消費であったりすることから、賃金労働と表裏一体の関係にあると考えられる

**近代社会（modern society）**
「近代社会」も「現代社会」も英語に訳せば「modern society」である

### (2)　非労働市場の中心は家庭

労働とお金が交換されないという点において、家庭・学校・病院・刑務所は共通である。しかし、より仔細にみるならば、家庭とその他の集団では決定的に違うことにすぐに気づくであろう。第一に、学校・病院・刑務所は他人同士が相互作用する場所であるのに対して、家庭は夫婦・親子・きょうだいといった家族関係にある者（身内）同士が相互作用する場所である。第二に、学校・病院・刑務所では、教師・医師・看守が賃金労働として行うサービス（教育・医療・監視）を生徒・患者・囚人が受け取る（消費する）ことがシャドウ・ワークであるのに対して、家庭では家事・育児・介護というサービスの提供それ自体がシャドウ・ワークである。このようにみてくると、労働とお金の不交換は家庭において最も徹底しており、学校・病院・刑務所は労働とお金の交換および不交換が組み合わさって成り立っているという意味で、労働市場と非労働市場の境界線上に位置しているということがいえよう。

もちろん非労働市場の中心に位置する家庭とは、賃金労働者の家庭である。農業を含む自営業者の家庭のことではない。自営業者の家庭は商品の生産や販売の場所（職場）でもある。しかし、近代社会（modern society）の特徴は家庭と職場の分離という点にある。ここでは企業に雇われて働くことが働くということの一般的形態である。自営業者にしてみても、完全な独立自営というのは稀で、大きな企業の下請け（さらには孫請け）であったり、フランチャイズ店であったりする。農業にしても、専業農家は減少し、兼業農家が多数を占めている。近代社会の近代社会たる所以は、社会が労働市場と非労働市場という正反対の性質を有する二つの領域から構成されているところにある。これを近代社会の二重構造という。

## 三　二重構造を維持するための仕掛け

### (1)　性別役割分業

近代社会の個人の典型的なライフコース（life course）は、賃金労働者の家庭に生まれ、一定期間の学校教育を受けてから、労働市場に参入し、年老いて労働市場から撤退し、非労働市場（家庭・病院・施設）でその生涯を終える、というものだろう。途中で大きな病気をしたり、犯罪で逮捕されたりした場合は、病院や刑務所に収容され、健康の回復や刑期の満了をまって労働市場に復帰する。また、いったん労働市場に出た後で、再び学校に戻って教育を受けることもある。

こうしたライフコースには男女差がみられる。大部分の男性は学校を出て労働市場に参入し、長期間にわたってそこに留まる。しかし、女性は、男性同様のライフ

が、ここでは「近代社会」を私たちが生きている「現代社会」を含む概念として使用する。現代社会は近代社会の最先端である。近代社会は産業化、資本主義化、自由と平等の思想の普及、国民国家の形成などによって特徴づけられ、まず十七世紀以降の西洋で誕生し、他の地域にも広がっていった。日本では明治維新以降の社会を指す

**ライフコース(life course)**

個人が一生の間に社会構造の内部で辿る道筋のことで、社会的役割の移行の連鎖としてとらえることができる。実際に

特定の諸個人が辿った道筋のことを指す場合（Aさんのライフコース、○○女子大学の卒業生のライフコース）にも、一般に個人が辿ることを期待されている制度化された道筋のことを指す場合にも使われる

コースを辿るケースもあれば、結婚や出産を機に労働市場を離脱してそのまま家事や育児に専念するケース、子育てから手が離れた頃に労働市場に復帰するケース、家族の介護のために労働市場を離れるケースなど、多様なライフコースがみられる。これは女性の方が生き方の自由度が大きいというよりも、家庭内での労働（家事・育児・介護）が女性の役割とみなされていることの反映である。つまり、女性が労働市場に参入する場合、それによって家庭内での労働を免除されるわけではなく、両方の労働をすることを期待されるのである。したがって、家庭内での労働が少ないとき（未婚のとき、子どもが生まれる前、子どもから手が離れた後、親が介護を必要とするようになる前など）は労働市場に出ていきやすいが、家庭内での労働が多いときは労働市場に出ていきにくい（それでも家計が苦しければ、無理を承知で労働市場に出ていかざるをえない）。すなわち、女性の労働市場への参入とそこからの離脱は、家庭内労働の量と家計状況に大きく左右されるのである。労働市場には男性を、非労働市場には女性を配置するこうしたシステムを性別役割分業という。近代社会は性別役割分業によって支えられてきた。確かに時代とともに労働市場に参入する女性は増えてきたが（いわゆる「女性の社会進出」）、それとバランスをとるような形では男性の家庭内労働への参入は増えていない。「男は仕事、女は家庭」という図式から「男は仕事、女は仕事と家庭」という図式への移行である。

### (2) 愛情至上主義

男性はあいかわらず家庭内労働を免除・軽減されている代わりに労働市場に強く拘束されている。労働市場に男性が強く拘束されているのは、近代社会が男性中心社会（男性が権力を握っている社会）だからである。「妻子を養う」ことは男性の役目とされ、「いい歳をしてぶらぶらしている」男性の社会的評価は非常に低い。社会（労働市場であれ非労働市場であれ）において男性が主導権を握るためには労働市場から離脱するわけにはいかないのである。

しかし、近代社会は自由や平等を理念とする社会でもある。家庭内労働を労働市場での労働よりも低くみて、それを女性に押し付けることは、自由や平等の理念とは矛盾する。「女性の社会進出」は自由や平等の理念から起こるべくして起こっている現象であるが、その一方で、女性があいかわらず家庭内労働に強く拘束されているのはなぜか。性別役割分業がアンバランスな形で（女性の一方的な負担増という形で）維持されているのはなぜか。そこには近代社会における愛情至上主義というイデオロギーが働いている。

愛情には価値がある。お金、権力、健康、学歴、時間……価値のあるものはほかにもたくさんあるが、近代社会において最上位を占めるのが愛情である。少なくともそうであるべきだと考えるのが愛情至上主義である。もちろん、意識はあくまでも意識であって、実際に愛情よりも他のもの、たとえば、お金を優先する人間はいるであろう。しかし、そうした人間に人びとは非難のまなざしを向ける。ＴＶドラマでは「愛情が一番大切」と考える愛情至上主義者と「お金で買えないものは何もない」と考える拝金主義者の対決がしばしば描かれる。どちらが最後に勝利を収めるかは最初から明らかである。視聴者はそれがわかっていながら、愛情至上主義者がどうやって勝利を収めるのか、拝金主義者がどこで破綻し、どこで愛情の価値に目覚めるのか、その過程を楽しむのである。愛情は何ものとも交換することができない。最上位の価値は他の価値と交換すると価値が下がってしまうからである。愛情はただ愛情同士で交換するほかはない。だから愛情至上主義社会では恋愛が素晴らしいものとして奨励されることになる。

### (3)　愛情の場所としての家庭

近代社会では家庭が愛情の場所として認識されている。これから結婚するカップルにどんな家庭を築きたいかと質問すれば、十中八九、「暖かな家庭」「やすらぎのある家庭」という答えが返ってくる。こうした理想の家庭イメージは都市化（近代化の一側面である）が進むなかで台頭してきたものである。「冷たい社会」「厳しい社会」と「暖かな家庭」「やすらぎのある家庭」は同時発生的なのである。

家庭が愛情の場所として認識されるということは、言い換えれば、そこでの人びと（家族）の相互作用は愛情をともなったものであることが期待されるということである。家事・育児・介護という家庭内労働は愛する家族に対して行われる（べき）ものとなる。それは素晴らしく価値のある労働であると同時に、お金との交換を厳しく禁止される（そのためお金との交換という発想さえ封じられるような）労働となる。家政婦として、ベビーシッターとして、介護ヘルパーとして、他人の家庭に入っていってそこで家事・育児・介護をすれば、それは賃金労働として立派に成立する。しかし、労働市場に出て働いている女性が、家事・育児・介護をお金を払って他人に代行させることには、本人にも周囲にもなにがしかの抵抗がともなう。「女性の社会進出」にもかかわらず、あいかわらず女性が（女性のみが）家庭内労働に強く拘束され続けているのは、家庭内労働が家族への愛情と結び付けられることによって、「暖かな家庭」「やすらぎのある家庭」の存在証明として機能しているためである。

喫茶室

**社会学的想像力について**

社会学者は、あらゆる領域で展開されている諸個人の相互作用に関心があり、それぞれの相互作用を記述・分析すること、私たちがその内部で生まれて、生きて、そして死んでいくところの社会なるものの正体を解明することにエネルギーを注いでいる。一体、何のために？　そこには天文学者が宇宙の正体を解明したいと思うのと同じ知的好奇心というものもあるだろう。しかし、それだけではない。社会の構造は、宇宙の構造よりも、より直接的に私たちの生活や人生に影響を与えている。そのメカニズムについて知ったからといって、すぐに何かがどうにかなるということでなく、もしかしたら「知らぬが仏」ということさえあるかもしれない。にもかかわらず、私たちが社会の正体を知りたいと思うのは、自分の生活や人生が正体のよくわからないものに左右され、翻弄されているという感覚が不安であり、不快であるためだろう。社会学者ミルズは『社会学的想像力』という本の冒頭で、現代人は自分たちの私的な生活には一連の罠が仕掛けられていると感じている、と述べている。

人が罠に掛けられているという感じをもつのは、自分の意志でしているつもりの生活が、実は個人の力ではいかんともしがたい全体社会の構造そのものに生じる、さまざまの変化によって支配されているからである。……（中略）……一つの社会が産業化されるとき、農民は労働者となり、封建領主は破産したり企業家になったりする。諸階級が興亡するとき、人は雇われたり失業したりする。資本投下率の上昇下降につれて、人はあらたな勇気を得たり、落胆したりする。戦争がおこると、保険のセールスマンはロケット発射兵になり、商店の店員はレーダー兵になり、妻はひとり暮らしをはじめ、子供は父親なしで育っていく。一人の人間の生活と、一つの社会の歴史とは、両者をともに理解することなしには、そのどちら一つをも理解することができない。（ミルズ　三～五）

ミルズの本のタイトルにもなっている「社会学的想像力」（sociological imagination）とは、個人生活の内部で経験される出来事とその外側で起こっている出来事とをリンクさせて考えることを可能にする能力のことであり、社会学を学ぶことでその能力が高められる、とミルズは読者に約束している。私も同じ約束をこの『日常生活の社会学』の読者にしておきたいと思う。

# 第三章

# 日常生活の構造

前章では、労働とお金の関係（交換・不交換）の分析を通して、マクロな視点から現代社会をその最先端に含むところの近代社会の二重構造について述べた。本章では、ミクロな視点から近代社会のなかで生きる個人の生活の構造について述べる。

## 一　生活の構造とは何か

### (1)　ある男性の一日

「生活には構造が存在する」とはどういう意味か、とりあえず具体的な例をあげて説明しよう。ここに一人の中年男性がいる。仮にF氏とよぶ。このF氏に対象者になってもらって、彼の日常生活を観察することにする。一日中、朝起きてから夜床に就くまで、F氏に影のように付き添って彼の行動を観察する。その際、「いつ」「どこで」「誰と」「何をしたか」という四項目からなるリストをあらかじめ作っておいて、そこにF氏の行動を逐一記録しておく。一日だけでなく、次の日も、その次の日も、雨の日も風の日も、観察を続ける。そうやってしばらく観察を続けていくと、F氏の行動のパターンというものがしだいに見えてくる。たとえば、平日の朝は七時に起きるが、土曜と日曜は九時頃まで寝ているとか、昼食は同僚と会社の近くの蕎麦屋かラーメン屋でとることが多いが、給料日前になると社員食堂を利用するようになるとか、火曜と木曜は残業をすることが多く、金曜の夜は同僚と麻雀を楽しむとか、……そういったことがわかるようになる。つまりF氏の生活には「いつ」「どこで」「誰と」(一人での場合もある)「何をする」ということに関して、言い換えると、「時間」「空間」「他者」「行動」という四つの要素(変数)の組み合わせに関して一定の規則性があるということである。このことこそ「F氏の生活には構造が存在する」ということにほかならない。そしてこのことはひとりF氏の場合に限った話ではない。主婦Aさんには Aさんの、大学生B君にはB君の、入院患者C氏にはC氏の、囚人二十八号には二十八号の生活の構造がある。生活の構造は人によって違う。しかし、構造が存在するという点は共通である。

## (2) 構造化した生活

要するに私たちの日常は同じようなことの繰り返しであるということだ。しかし、もちろん昨日と今日が判で押したようにまったく同じであるはずがない。「生活には構造が存在する」ということは、同じような行動パターンが一定の間隔で繰り返し日常生活のなかに出現するということを意味している。通常、私たちは自分の明日の生活、朝起きてから夜床に就くまでの自分の行動について、気象予報士が明日の天気を予測するのと同じ程度の確かさで、予想することができる。これは私たちに予知能力があるからではなく、私たちが自分の生活の構造について知っているからである。もし生活に構造が存在しなければ、それはさぞかし不安定な、あるいはドラマチックな毎日であることだろう。なにしろ朝、目が覚めて、これからどんな一日が始まるのか自分でもまったく予測ができないのであるから。それはまるで記憶喪失者か冒険小説の主人公のような生活といってよいだろう。私たちがそうした人物に憧れるのは、とりもなおさず私たちが構造化した毎日を送っているからにほかならない。

# 二　なぜ生活は構造化するのか

## (1) 構造と力

話を先に進めよう。「生活には構造が存在する」ということはわかった。では、なぜ生活は構造化するのだろうか。生活が構造化するのはそこに何らかの力が働いているからである。たとえば、机や椅子が一定の構造を維持しているのは、それぞれのパーツが釘やネジで連結しているからである。釘やネジを抜いてしまうと、机や椅子はバラバラに分解してしまう。構造というものは偶然に存在しているわけではなくて、一定の力によって存在させられているのである。生活が構造化する、すなわち、「時間」「空間」「他者」「行動」といった生活を構成している諸要素の間に一定の結び付きが生じるのは、それら諸要素を一定の仕方で結び付けている何らかの力が作用しているからである。

その力とは一体何か。実は、それは一つの力ではない。生活を構造化している力には三種類ある。第一は、身体の生理的なリズムである。私たちが日常の中で行っている行動のある部分は生理的な欲求に基づいている。食事をするのはお腹が空いたからであり、トイレに行くのは用を足したくなったからであり、眠るのは眠くなったからである。そして、お腹が空いたり、用を足したくなったり、眠くなるのは、一定の生理的リズムに従ってそうなるのである。第二は、自分の意志である。人は自分の意志によってある行動をしたり、あるいはある行動をしないようにしたりすることができる。空腹をこらえてダイエットに励む女性や、電車の車内で便意をこらえているサラリーマンや、眠気をこらえて夜遅くまで勉強をしている受験生などはその典型である。いずれのケースも生理的な欲求によっては説明できない行動である。第三は、社会の要請である。生理的欲求にしろ、自分の意志にしろ、それは内的な力という点で共通である（通常の感覚では身体は自己の一部であろう）。これに対して社会の要請というのは外的な力である。人は他者や集団からの要請（期待・お願い・命令）によってある行動をさせられたり、あるいはある行動をしないようにさせられたりする。たとえば、平日の朝、F氏が七時に起きるのは、九時までに出社することを会社から要請されているからであり、金曜の夜に麻雀をするのは上司の誘いを断れないからである。ただし、実際には人がある行動を自分の意志でしているのか（していないのか）、それとも社会の要請に従って行っているのか（いないのか）を判別することは簡単ではない。人が自分の意志でやっているようにみえる行動の多くは、社会の要請を内面化して、それを主体的な要求に変換したものにほかならないことが多いからである。

## (2) 社会的人間と社会的要請

身体の生理的リズム、自分の意志、そして社会の要請。生活を構造化する三つの力のなかで社会学がとくに注目するのは社会の要請である。というのは、社会の要請に従って行為するという仕方こそ、社会的人間、すなわち、社会という名の人工の環境のなかで生活している人間に固有の行動様式だからである。

船が難破して絶海の孤島に一人流れ着いたロビンソン・クルーソーは、いつか救助されることを信じて孤独な生活を始めた。彼の生活はそれなりに規則正しいものだった。つまり彼の生活にも構造は存在した。しかし、彼の生活を構造化したものは身体の生理的なリズムと意志の力であって、社会の要請ではない。なぜなら、彼は他者との相互作用なしで生活していたからである。彼は非社会的人間であった（もっとも途中でフライデーという名前の相棒が登場してきてからは、彼は非社会的人間ではなくなった）。

社会学が対象とするのは社会的人間の生活である。そこでは一見すると生理的欲求にのみ従っているように見える行動にも社会の要請が働いている。たとえば食事。人はお腹が空くから食事をする。食べるという行動の根底には食欲という生理的欲求（本能）があることは間違いない。しかし、それだけで食事という行動を説明することはできない。「いつ食べるか」「どこで食べるか」「誰と食べるか」「何を食べるか」「どうやって食べるか」……これらのことを生理的欲求によってのみ説明することは不可能である。食事という行動は生理的行動である以上に社会的・文化的行動なのである。生まれたばかりの人間、つまり乳児はいまだ社会的人間とはいえない存在である。その証拠にお腹が空けば夜中であろうが電車の中であろうが、時と所を選ばず、泣き声を上げてミルクを要求する。周囲の大人たちは乳児のいいなりになるしかない。しかし、ある年齢以上の人間はお腹が空いたからといってただちにものを食べたりはしない。幼稚園に通っている子どもたちはお腹が空いてもお弁当の時間になるまでは我慢しなくてはならないことを知っている。その点ですでに彼らは社会的人間である。

これが大人になると、話はもっと極端になり、お腹が空いたから食事をするのではなく、むしろ食事の時間になったから食事をするといった感じにさえなる。本来、生理的なリズムには個人差があるから、誰もが昼の十二時になる頃に食欲が高まるわけではない。もっと早い時間にお腹が空く人もいれば、もっと遅い時間にならないとお腹が空かない人もいるはずである。しかし、家族や学校や会社といった集団にとっては、食事の時間が一人ひとりバラバラでは能率が悪いので、一定の食事時間を設定してみんなで一斉に食事をするようにしているわけである。そうやって小さい頃から訓練してきたことの結果として、私たちは食事の時間になると空腹を覚えるようになったのである。言い換えると、生理的リズムが社会的な時間割に同調するようになったわけである。

### (3)「時間を守る」という要請

いまの例からもわかるとおり、社会の要請のなかでも時間に関する要請は格別の意味をもっている。現代人にとって「時間を守る」ことは一人前の人間としての重要な要件になっている。「あの人は時間にルーズな人だ」と他人から思われることは、社会的人間としてはかなり致命的なことといわなくてはならない。他人からそう思われないようにするために、私たちの生活にはカレンダーと時計が不可欠である。今日が何月何日であるか、いまが何時何分であるか、そのことを常に確認しながら私たちは生活をしている。

カレンダーと時計には二つの共通点がある。第一に、反復する時間であるということ。八番目の曜日や二十五時というものは存在しない。曜日も時刻もあるところまで行くと最初のところに戻る仕組み（円環構造）になっている。第二に、社会的な（人工的な）時間であるということ。七日をワンセットとして考えることも、一日の時間を二十四等分することも、そうでなくてはならない必然性はない。それは慣習であり、一種の約束事に過ぎない。しかし、約束事である以上、それは遵守されることを私たちに要求する。すなわち、反復する人工的な時間のなかに組み込まれたさまざまな行動を次々にこなしていくことを通して、私たちの日常生活は構造化するのである。

## 三　生活の構造の安定性と不安定性

### (1)　役割期待としての社会の要請

私たちは社会のなかで生きているが、社会の全体と均一というか、万遍なくというか、とにかくそういう仕方でかかわってはいない。私たちが知っているのは、直接にかかわっているのは、全体社会のごく一部である。それをここでは「個人にとっての社会」とよぼう。「個人にとっての社会」を構成するのは、個人の所属集団とその集団のメンバーたちである。生活を構造化させている社会の要請は、全体社会のいたるところからやってくるが、直接的には相互作用する他者を通して、いわば彼らを代理人として、私たちの前に姿を現す。たとえば、「男も家事をやるべし」—これは男女平等をめざす現代社会の要請である。しかし、F氏が自宅での夕食の後にキッチンで皿を洗うのは、どこからかやってくるそうした抽象的な要請のためではなく、「お皿洗っといてくださる？」という妻からの具体的なお願い（な

**役割期待**

諸個人の相互作用を集団という舞台の上で展開される一種のドラマであると考えると、諸個人はそれぞれの役割（役柄）を演じていることになる。それぞれの演技は演技者のアドリブに任されているわけではなく、一定のシナリオやマニュアルに基づいてなされることを期待されている。ある役割に期待されている

演技の内容を役割期待という。ただし、実際の個人の演技は、必ずしも役割期待の忠実なコピーではない。役割期待が演技者の意に沿わない場合もあるし、演技者の能力不足で役割期待に応えられない場合もある。さらには共演者の間でそれぞれの役割期待にアレンジが加えられる場合もある

いし命令）によるものなのである。それは夫としてのF氏に対する妻の役割期待である。F氏という個人に対する社会の要請は、具体的にはF氏が所有しているさまざまな役割に対する他者の期待という形をとって、いつもF氏について回っている。F氏は日々同じ舞台に立って、同じ共演者、同じ観客を相手にして「F氏の生活」というタイトルのお芝居を演じているのである。

### (2) 構造に内在する矛盾

身体と自己と役割は、本来、相互依存的な関係、調和的な関係にある。たとえば、女性は女性的なものの見方、考え方をし、女性向きの職業を選ぶとか、病弱な人はものの見方、考え方が消極的になり、肉体労働は敬遠するといった具合である。しかし、これはあくまでも原則論である。何かのきっかけで三つの要素の間に大きなズレが生じることがある。

なかでも自己と役割の間のズレは問題である。自己とは「私にとっての私」であり、役割とは「他者にとっての私」である。二つの「私」は多かれ少なかれ必ずズレるものである。「私にとっての私」は自分らしく行動することを求める。一方、「他者にとっての私」は他者の期待に応えて行動することを求めてくる。両者の要求が一致している場合は問題ない（少なくとも主観的には）。しかし、両者がズレて

いる場合には、自分らしく振舞って他者の不評を買うか、それとも自分を偽って他者の期待に応えるか、どちらかしかない。社会的要請からの逸脱か、自己疎外かの二者択一を迫られるわけである。さらにいえば、「他者にとっての私」は一人ではなく、原理的には相互作用する他者の数だけいるわけで、それを比較的重要な他者に限定したとしても、かなりの数の「他者にとっての私」が存在する。したがって、ズレは「私にとっての私」と「他者にとっての私」との間だけでなく、「他者にとっての私」同士の間でも生じる（たとえば、嫁と姑の対立は、夫／息子であるＦ氏にとって、「妻にとっての私」と「母親にとっての私」の分裂である）。人は誰もこうしたズレ（構造的矛盾）を抱えて生きている。私たちはある場面では自分に嘘をつき、そして別の場面では他者の不評を買いながら（あるいはある他者の期待に応えて、別の他者の期待を裏切って）生活をしているのである。

しかし、こうしたストレスフルな生活にはおのずから限度がある。自己と役割のズレや、ある役割と別の役割のズレがあまりに大きくなると、人は自己を守るために、役割の方を切り捨てる（あるいは別の役割と取り替える）という行動に出る。具体的には、労働市場における退職や転職、家庭における離婚や再婚、学校における退学や転校という行動がそうである。こうした行動はその当然の結果として生活の構造の大きな変動を引き起こす。この変動は人が自分の生活の構造的矛盾を解決するために主体的に起こしたものであり、定年退職や配偶者の死や卒業などによる生活の構造の変動とは違う。生活の構造はこんな仕方で変わることもある。いや、変えることもできる。構造的矛盾を抱えた生活というのは、自分の身体の寸法に合わない服を着て生活しているようなものである。あなたも一度、自分の生活の構造を点検してみてはどうだろうか。

喫茶室

**構造の探求**

一般に、ある現象について研究するということは、その現象に内在する構造を発見しようとすることにほかならない。たとえば、天文学。あるとき人びとは天体の動きには一定のパターンがあることに気がついた。太陽や月の昇る場所や沈む場所が一定のサイクルで変化すること、一定時刻の星の配置が季節によって変化すること、しかしなかには一般の星（恒星）とは違った風変わりな動きをする星（惑星）がいくつかあること、……こうした天体の動きは宇宙の構造がどのようになっていると考えるとうまく説明できるだろうか――ということを人びとが考え続けるなかで天文学は発達してきたのである。同様に、歴史学者は歴史の法則を、経済学者は経済の法則を発見しようとして研究を続けてきた。ここでいう法則とは現象を構成する諸要素（変数）間に存在する一定の連関構造のことであるが、そうした構造は直接に目で見ることはできない。あくまでも観察された現象からその存在が推測され、言葉や記号や数式を使って表現されるものである。現象に内在するそうした構造を発見することができれば、たんに現象をすっきり説明することができるだけでなく、これから起こる変化をあらかじめ予測したり、構造に手を加えることによって変化の方向を人為的に操作したりすることも可能になる。天気予報や景気の予測、病気の治療や経済政策というのは要するにそういうことである。

# 第四章

# 家族の寝方

ここまで、全体社会の構造と個人の日常生活の構造について述べてきたが、ここからは、日常生活の特定の側面に焦点を当てて、そこで展開されている諸個人の行為や相互作用にどのような構造（規則性）がみられるかを述べていこう。最初に取り上げるのは、私たちの日常生活のなかで誰もが長時間しているけれども、もっとも不活発な行為である「寝る」という行為である。

## 一　コーディルとプラースの研究

### (1)　誰と誰が寝るか

いまから四十年ほど前、アメリカの心理学者ウィリアム・コーディルと文化人類

**核家族（nuclear family）**
両親と未婚の子供からなる家族のこと。元々は文化人類学者マードックの用語で、古今東西のすべての社会に普遍的に見られる社会単位であると考えたところから「核」家族と名づけられた

学者デイビット・プラースが、東京・京都・松本の核家族を対象にして、家族の寝方（就寝形態）に関する調査を実施した。日本を訪れる西洋人の目には、家族全員（両親と子供）が一つの部屋に寝るというスタイルは奇妙なものに映りがちである。そしてその奇妙さは日本の家屋の小ささと部屋数の少なさ、つまるところ経済的な貧しさのせいにされがちであった。しかし、コーディルとプラースはそうは考えなかった。二人は日本の家族が同じ一つの部屋で寝るのは家族のメンバー間の心理的な結びつきの強さの現われではないかと考えた。この仮説を検証するために二人は調査を行ったのである。

調査結果は、日本の家族は寝室として利用可能な部屋が複数ある場合でも、分散せずに、一つの部屋で寝る傾向があることを示すものだった。この事実からコーディルとプラースは次のような推論を行っている。第一に、日本の家族の寝方は家族内での世代差と性差をあいまいなものにする。個人の独立よりも家族のメンバーの相互依存を強調し、家族の凝集性を培うかわりに、セックス等を通じて夫婦の親密さが深まる可能性を阻害する傾向がある。第二に、独り寝が起こりやすい年齢は、日本人の自殺率が高い年齢と一致する。家族との一体感のなかで生きている日本人にとって、青年期と老年期の独り寝は孤独感と疎外感を抱かせ、彼らを自殺へと導く一つの要因となっている。

### (2) 見える構造と見えない構造

コーディルとプラースは家族の寝方という「目に見える構造」から家族関係という「目に見えない構造」を知ろうとした。二人が本当に知りたかったものは、日本の家族の心理的な構造である。つまり、家族のメンバー同士がどのような心理的距離を保ちながら一つの集団を形成しているのかを明らかにしたかったのである。しかし、人と人との心理的距離というものを直接に目で見ることはできない。こういう場合、研究者は目に見えないものを目に見えるものに置き換えて測定しようとする。測定したいけれども直接には測定できないものを変数（variable）、その変数を測定可能なように変換したものが指標（index）である。コーディルとプラースは家族のメンバー間の心理的距離という変数を、就寝時における家族のメンバー間の空間的距離という指標を用いて測定しようとしたわけである。この視点は非常にユニークなものであった。事実、日本を代表する家族社会学者である森岡清美もこの視点を借りて家族の寝方の調査を行っている。

### (3) 「誰の隣に誰が寝るか」という視点

しかし、コーディルとプラースの研究には、「誰の隣に誰が寝るか」という視点が欠けていた。彼らは「誰と誰が寝るか」という視点から調査を行い、日本の都市的な核家族では家族全員が同室就寝をする傾向が強いという事実を発見した。しかし、三人以上の人間が同室就寝をする場合、その並び方にはいくつかのバリエーションがあるはずである。具体的には、誰が三人の真ん中に位置するのかという問題である。彼らの研究ではこの問題は無視されているが、同じく同室就寝ではあっても、真ん中に寝るのが母親（妻）であるか、父親（夫）であるか、子供であるかによって、家族の心理的関係は微妙に（あるいは大きく）異なるのではないか。同室就寝が圧倒的多数を占める日本の家族であるからこそ、同室就寝のなかでの配列のバリエーションを問題にすることに意味があるはずである。

## 二　戦後日本の家族の寝方

### (1)　三人家族の寝方

それでは、筆者自身がかかわった調査データを基に、「誰の隣に誰が寝るか」という視点から日本の家族の寝方について述べることにしよう。日本家族社会学会が行なった全国調査「戦後日本の家族の歩み」（二〇〇二年一月）の中で、対象者（三二歳から八一歳の女性五千人）に対して次のような質問を行った。

質問　最初のお子さんが小さいころ（三歳未満でまだ次のお子さんが生まれるま

え）、夫婦とお子さんは夜寝るときどのような配置で寝ていましたか。

1　三人とも一緒の部屋で、母親が真ん中に寝る

2　三人とも一緒の部屋で、子供が真ん中に寝る

3　母子が一緒の部屋で、父親は別室に寝る

4　夫婦が一緒の部屋で、子供は（一人で）別室に寝る

5　その他

6　わからない（忘れた）

家族の寝方を具体的に四つのタイプのいずれであるか尋ねたのは、これまでの研究で日本の家族（小さな子供がいる三人家族）の寝方はほぼこの四つのタイプで分類できることがわかっているからである。「1」のタイプを「M中央型」、「2」のタイプを「C中央型」、「3」のタイプを「F別室型」、「4」のタイプを「C別室型」とよぶことにする（MはMother、CはChild、FはFatherの頭文字である）。

第一子が三歳未満で第二子がまだ生まれていない時期の寝方を尋ねたのは、第二子が生まれて四人家族になると寝方のパターンが複雑になってくるためであるが、たんにそれだけではなく、三人家族のときの寝方のパターンが第二子が生まれた後の寝方のパターンをかなりの程度規定することがやはりこれまでの研究からわかっているからである。

**コーホート(cohort)**
同じ種類の人生上の出来事を歴史上の同じ時期に経験した人びとの統計的集団。

本章では結婚コーホートを取り上げたが、ほかにも出生コーホート、卒業コーホート、就職コーホートといったコーホートを想定することができる。とくに限定なしにコーホートという場合は、出生コーホートを意味する。こうしたコーホートを設定することで同じ出来事を経験したときの社会状況の影響を統制することが可能になる。たとえば、バブル崩壊前の一九九一年卒業コーホートとバブル崩壊後の一九九三年卒業コーホートでは、就職活動が売り手市場から買い手市場に大きく変化した

図1　第一子が3歳未満の頃の家族の寝方

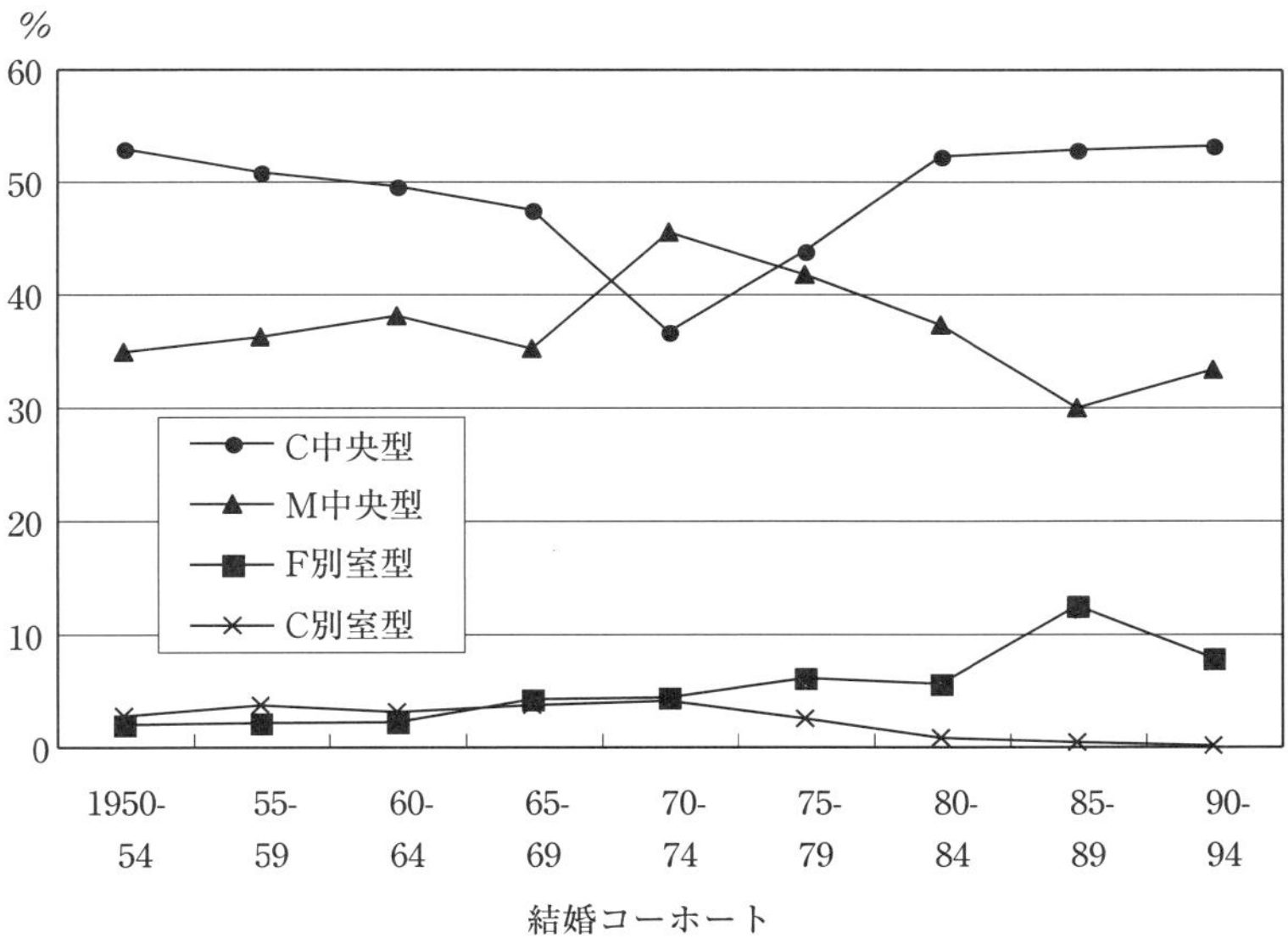


図1はこの質問に対する回答を対象者の結婚コーホート（同じ期時に結婚を経験した人びとの統計的集団）別に集計して、戦後の家族の寝方の変遷を見たものである。

どの結婚コーホートにおいてもC中央型とM中央型が主流で、二つのタイプを併せて八割から九割を占めている点は同じである。ただし、一九六五〜六九年結婚コーホートまではC中央型が優勢で、

一九七〇～七四年と一九七五～七九年の二つの結婚コーホートではM中央型とC中央型が逆転あるいは拮抗し、その後は再びC中央型が優勢となっている。近年、F別室型がいくらか増加しているが、欧米の家族の寝方の主流であるC別室型は日本ではごく少数派である。

### (2) 日本の家族は母子関係が中心

C中央型とM中央型はどちらも同室就寝で真ん中に誰が位置するかの違いである。コーディルとプラースが着目したように日本の家族の同室就寝率は非常に高い。「家族は一緒に寝る」というのは暗黙の規則なのであろう。しかし、F中央型はほとんど見られないことから、同室就寝であれば何でもよいというわけでは決してない。誰が真ん中に位置するかということは、言い換えれば、その真ん中に来る人間によってどの二者関係が分断されるのかということである。C中央型では子供によって夫婦関係が分断され、M中央型では母親によって父子関係が分断されている。しかるに父親によって母子関係が分断されるF中央型がほとんど観察されないということは、母子関係というものが分断されてはいけないものと見なされているからにほかならない。すなわち、日本の家族の寝方の背後にある暗黙の規則は、「家族は一緒に寝る」だけではなくて、もう一つ、「母子は隣り合って寝る」ということなのである。近年やや増加しているF別室方は、「家族は一緒に寝る」という規則には反しているものの、「母子は隣り合って寝る」という規則は遵守している。このことから判断するに、「母子は隣り合って寝る」という規則の方が「家族は一緒に寝る」という規則よりさらに深い部分で家族の寝方を規定しているのではないだろうか。家族関係は複数の二者関係から成り立っているが、日本の家族にとって中核となる二者関係は母子関係なのである。

おそらく欧米に比べて日本の離婚率が低いのは、このことと関係している。夫婦関係を家族の中核と考える欧米では、夫婦関係の悪化が離婚に直結しやすい。しかし、母子関係を家族の中核と考える日本では、夫婦関係が悪化したからといってただちに離婚ということにはなりにくい。離婚は母子関係を社会的・経済的に危険に曝すからである。昔からある「子はかすがい」という言葉はこうした事情を表現したものだろう。

### (3)　C中央型とM中央型の違い

では、「家族は一緒に寝る」「母子は隣り合って寝る」という暗黙の規則を遵守している点では一致しているC中央型とM中央型は何か違うのだろうか。なぜある家族はC中央型を選び、別の家族はM中央型を選ぶのだろうか。両者を分ける要因は

図2　寝方別の夫の育児参加（寝かしつけ）

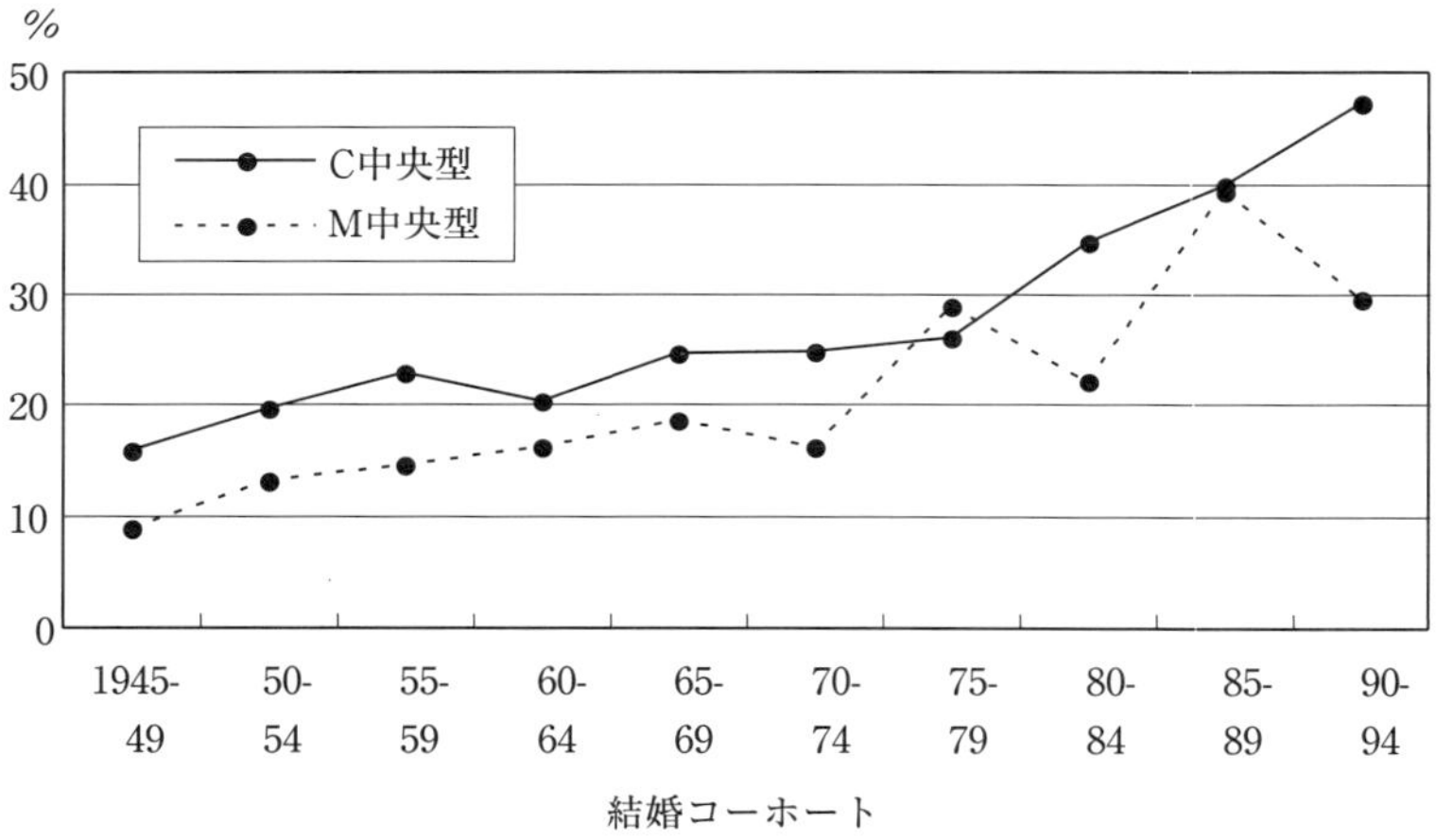


何なのだろうか。全国調査「戦後日本の家族の歩み」のデータをあれこれ分析してみてわかったことは、第一子が三歳未満の頃の夫の育児参加と家族の寝方には関連があるということである。

図2は、結婚コーホート別に、子供を「寝かしつける」という行動を夫が「する」と回答したケースの割合をC中央型の家族とM中央型の家族で比較したものである。

どちらのタイプもコーホートが若くなるほど「寝かしつける」夫の割合は高くなっているが（時代の趨勢）、ほぼ一貫してC中央型がM中央型を上回っている（寝方の特性）。こうした傾向は「寝かしつけ」に限らない。調査ではほかに「遊び相手になる」「風呂に入れる」「食事をさせる」「おむつを替える」「保育園・幼稚園・託児所への送り迎えをする」という行動についても夫の育児参加を質問しているが、いずれの行動についてもC中央型がM中央型を上回っていた。

それはなぜだろうか。ここから先は推論になるが、どちらの寝方を選択したかで夫の育児参加度に差が生じるというよりも、むしろ夫の育児参加志向の強弱（あるいは夫の育児参加を求める妻の志向の強弱）が家族の寝方の選択に影響を与えているということではないだろうか。

家族の寝方は家族関係の空間的表現である。C中央型は親子関係を夫婦関係よりも優先した寝方である。そこでは夫婦関係は子供によって分断されている。男女は「夫／妻」という役割よりも「父親／母親」という役割をより強く意識しているだろう。他方、M中央型は夫婦関係と母子関係のバランスを重視した寝方であるが、父子関係は母親によって分断されている。「子供は夫婦一緒に育てるもの（母親まかせにしない）」と夫が考える場合、あるいは夫にそう考えてほしいと妻が考える場合、C中央型の寝方が選択される確率はM中央型の寝方が選択される確率よりも大きいと推測される。

どういう家族の寝方を選択するかでその人の（あるいはその夫婦の）家族観がわ

かる。余談だが、もしあなたが未婚で、結婚をしたいと考えている相手がいたら、何気なく「どういう家族の寝方がよいと思うか」を尋ねてみるといい。少なくとも血液型や星座などよりもずっと確かに二人の相性をチェックできるはずである。

喫茶室

**一九七〇年代前半の家族の寝方**

一九七〇～七四年結婚コーホートにおいて、M中央型とC中央型の逆転現象が観察されることは本文中で述べたが、では、その理由は何だろうか。

ここで着目したいのが、一九六〇年代に起こった育児書ブームである。出版年鑑によれば、一九五九年に約二十冊だった育児書の出版数は翌一九六〇年には約五十冊と二倍以上に増えている。育児書ブームの背景にはいくつかの要因が考えられるが、第一次ベビーブーム世代の女性たちが結婚適齢期にさしかかってきたことが一番大きいだろう。

当時の育児書ブームの代表格といえるものが、『スポック博士の育児書』（一九六六）と松田道雄『育児の百科』（一九六七）である。両書とも小児科の開業医の手になる育児書で、医学的＝科学的な立場から書かれたものである点は共通である。この点は当時の育児書一般の特徴であった。しかし、『スポック博士の育児書』がアメリカ式の育児法を説いているのに対して、『育児の百科』は戦後支配的であったアメリカ式の育児法に異を唱えて、日本式の育児法を再評価した点に大きな違いがある。たとえば、本章のテーマである寝方に関して、『スポック博士の育児書』はアメリカの中流家庭の代表的寝方であるC別室型を当然の前提としている。一方、『育児の百科』は「添い寝の可否」について次のように述べている。

添い寝は、西洋式の育児法からいえば、わるいことにちがいない。彼らのかんがえにすれば、三ヵ月すんだら、赤ちゃんは両親とは別の部屋でひとりでねるものである。添い寝しないとねむらないというようなことでは、親の生活がさまたげられる。

けれども日本のいまの住宅の状況と、風習とは、まだ赤ちゃんを別の部屋にねかすにいたっていない。両親と赤ちゃんとは、おなじ部屋にねている。おなじ部屋にねていて、赤ちゃんが深夜に泣いたら、ほうっておくわけにいかぬ。やかましいので目がさめた父親が、早くねかしつけるようにいうだろう。赤ちゃんを早くねかしつけるという点で、添い寝がもっともかんたんな、確実な方法なら、それを採用すべきだ。

……何としてでも赤ちゃん用ベッドにねかしつけなければならないと、深夜に根気よく、泣くたびに母親がおきていくことに、まず、父親が反対するだろう。そう毎晩、深夜に四度も五度もおこされては、翌日の仕事の能率があがらない。添い寝がいいかわるいかは、めいめいの家庭が平和にいくようにという立場からかんがえるべきである。そのとき親のほうの主体性を見失ってはならない。赤ちゃんが、深夜に泣くと父親もいっしょにおきて、赤ちゃんをあやしてやったりすると、赤ちゃんは夜におきてあそぶくせがついてしまう。父親は、これからまだまだながいあいだ、扶養の重荷をせおっていかねばならぬ。その重荷にたえるためには、夜に十分ねむらねばならぬ。赤ちゃんの笑顔をみるのがうれしいので、深夜サービスをするのは、親の主体性を失ったものといわねばならぬ。（松田、一九六七、三三四～三三五）。

C別室型を標準とするアメリカ式の育児法は、同室就寝を標準とする日本においては、夫婦の寝室にベビーベッドを持ち込むという折衷的な形で広まった。ベビーベッドは子供の自立心の涵養を重視するアメリカ式の育児法の象徴であった。しかし、松田は、ベビーベッドを使用すると、赤ん坊が夜泣きをする度に母親が寝床から起き上がって赤ん坊をあやさねばならなくなり、それでは父親の眠りが浅くなり、「翌日の仕事の能率があがらない」からと、母親による添い寝を薦めている。松田がここで想定している夫婦がサラリーマンの夫と専業主婦の妻であることは明らかである。夫は妻子の「扶養の重荷」をせおっており、夜泣きをする赤ん坊を寝かしつけるのは、当然、妻の役目なのである。現代の目から見れば、『育児の百科』は古色蒼然たる性別役割分業観の上に立って書かれているが、サラリーマンと専業主婦こそが高度成長の担い手だったのである。

松田は家族同室就寝が日本式の寝方であると述べているが、夫婦と子供の配列にまでは言及していない。しかし、母親の添い寝の目的が父親の安眠にあることを考えると、その目的のためには、M中央型の方がC中央型より適しているといえるだろう。C中央型では父親と子供の距離が近すぎる。母親が父親と子供の間に入って、子供の夜泣きから父親を守る防波堤の役割をしなくてはならない。M中央型とはそういう寝方である。一九七〇年代前半、赤ん坊の夜泣きへの対処をもっぱら母親の役目と考える育児思想の影響を受けた母親たちの間でM中央型が増加したのではないか。

ただし、それは一時的な現象で、一九七〇年代後半から本格的に始まった女性の社会進出（主としてパートタイマーの増加）と育児を夫婦の共同作業と考える育児観の台頭に伴い、再びC中央型が勢いを取り戻したのだと考えられる。

# 第五章

## 電車の座席の座り方

前章で考察した家族の寝方は、家庭という私的な空間の内部における、同じ家族のメンバー同士の相互作用（一緒に寝る）のパターンに関するものであった。本章で取り上げるのは、電車という公的な空間の内部における、他人同士の相互作用（電車の座席に座る）のパターンに関するものである。

近代社会、とりわけ都市では、他人と同じ空間で一定時間以上を過ごすということがよくある。移動中の電車というのはその一例だが、他にも食堂、図書館、エレベーター、公衆トイレ、映画館など、そうした場面は枚挙にいとまがない。多くの場合、人びとは言葉を交わさない。しかし、言葉を交わさないからといってそこに相互作用が存在しないわけではない。人びとはお互いにその存在を意識しながら、非言語的な相互作用、すなわち、身体技法による相互作用を行っているのである。

## 一　横長の座席の場合

### (1)「端の座席に座る」のは規則ではない

電車の横長の座席（七人掛けが多い）の座席が、ほとんどの場合、両端から埋まっていくというのは日常よく目にする現象である。両端の席が一番人気の高い理由は、(一) ドアに近い（降りるときに時間がかからない）、(二) 両側から他人に挟まれることがない、(三) 雨の日に手すりに傘を掛けておくことができる、などであろうか。

ただし、この端の席に座るという行為は規則（暗黙の規則）に従ったものとはいえない。どういうことかというと、もし端の席から座ることが規則だとすれば、そうしない人は規則違反ということになり、周囲から非難のまなざしで見られるはずであるが、決してそんなことはないからである。それは好みの問題の範疇に入る。

横長の座席に座る最初の一人が規則違反となるのは、横になって寝る、つまり一人で座席の半分以上を占拠するとか、荷物を自分の膝の上ではなく自分の隣の座席に置くといった場合であろう。最初の一人なのであるから、この規則違反は、後から座る人に対する迷惑、まだ現実化していない迷惑ということになる。実際、自分

**身体技法**
社会学者・民族学者マルセル・モースの用語。歩き方、座り方、泣き方からちょっとした仕草に至るまで、日常生活で見られる身体的動作の型。それらは決して「個人的な」ものでも「自然な」ものでもなくて、その社会の固有の規則に従ったものである

の隣の座席に荷物を置いている人は、車内が混んでくると荷物を自分の膝の上に移動させる場合が多いように思われる。横になって寝ている人は、確信犯的というか、そのままであることが多いように思われるが、大抵、アルコールが入っている。他の乗客は彼（女性であることはまずない）に「酔っ払い」というラベルを貼ることで、彼の規則違反を理解する。私たちを不安にさせるのは、規則違反そのものではなく、規則違反が理由もわからず起こることである。その男が座席に横になって寝ているのは彼が「酔っ払いだから」なのである。そう理解することで、乗客たちは不快ではあるけれども、不安ではなくなるのである。

### (2)「距離をおいて座る」という規則

さて、両端がすでに埋まっている場合、三人目の乗客はどこに座るだろうか。両端から等距離にある中央の座席に座ることもあるし、左右どちらかに偏ることもあるだろうが、それは好みの問題の範疇に入る。要は両端の乗客とは「距離をおいて座る」ということである。端に座っている人の横にピッタリ張り付くような座り方は規則違反である。そうされた方は、「えっ?」という表情で横に座った人を見るであろう。もしかしたら知り合いかもしれないと。しかし、知り合いではなく、赤の他人であることが確認されたら、自分の横にピッタリと張り付くように座った相手に対して、何らかの意図を感じるであろう。しかし、それが具体的に何であるかはわからず（「何で私の隣に座るのですか？」と尋ねるわけにもいかず）、不安で居心地の悪い気分になるであろう。場合によっては途中で席を立ってしまうかもしれない。

「距離をおいて座る」、すなわち、他者との身体的接触を避けるというのは、社会学者ゴフマンのいう儀礼的無関心（civil inattention）の表現である。これは「私はあなたに対して特別の意図を持ってはいません」（私はおかしな人間ではありません）というメッセージである。車内という公共の空間において、他人から「おかしな人間」と見られることは、都市生活者がもっとも恐れる事態である。儀礼的無関心はそうした事態を回避するための非言語的コミュニケーションの技法である。

## 二　対面式の座席の場合

### (1)　一番人気のある席は？

電車の座席には、横長のものの他に、対面式の四人掛けのものがある。四つの座席はそれぞれ固有の特徴をもっている。

**儀礼的無関心(civil inattention)**

社会学者アーヴィン・ゴフマンの用語。人びとはお互いの面子を守るためにさまざまな儀礼的行為をしているが、儀礼的無関心はその一つで、たとえば、ある人が小さなミスをしたときにそれに気づかないフリをすることでその人の面子は保たれるわけだが、同時に、気づかないフリをした人は自分がそうした配慮のできる人間であることを示しているのである

Ａ　窓側で、進行方向に顔を向ける席
Ｂ　窓側で、進行方向に背中を向ける席
Ｃ　通路側で、進行方向に顔を向ける席
Ｄ　通路側で、進行方向に背中を向ける席

いま、四つの座席が空いている状態で、最初の乗客はどこに座るであろうか。一番人気はＡであろう。一般に、窓側と通路側では窓側の方が「いい席」だと思われており、進行方向に顔を向ける席と背中を向ける席では顔を向ける席の方が「いい席」だと思われている。これは窓からの眺めを重視した判断基準である。もちろん百人が百人こうした判断基準をもっているわけではない。通路側の席の方がトイレに立ったり、車内販売を利用するときに便利だと考える人もいる。車内では本を読むか、居眠りをするかで、窓の外の景色には興味がないという人もいる。だから最初の乗客がＡ以外の座席に座っても、それは規則違反とは受け取られない。

## (2)　視線の衝突と身体の接触の回避

規則違反が問題になるのは二番目の乗客の場合である。最初の乗客がＡに座っているとする。このとき二番目の乗客はどこに座ったら「おかしな人」と思われる危険が一番小さいであろうか。それはＤである。誰も座っていないときは一番人気のなかったＤが、今度は一転して一番人気のある座席になる。ＡとＤは対角線上にあるから、「距離をとって座る」という規則に一番適合的である。もう少し仔細にみるならば、Ｂに座ると、Ａに座っている乗客と視線がぶつかりやすくなる。視線の衝突は緊張を生む。儀礼的無関心を示そうとしているときに一番避けねばならないことである。真向かいの座席に座った者同士が視線の衝突を回避しようとすると、ずっと窓の外を見ているとか、本を読んでいるとか、目を閉じているとか、絶えず気を使わなくてはならない。Ｃに座ると、視線の衝突は回避できるが、身体間の距離は一番近くなる。二人の乗客がＡとＣに並んで座り、対面のＢとＤが空いている状況というのは、第三者の目には、この二人は知り合いに見えるであろう。前章の家族の寝方のところで論じたように、心理的距離は空間的距離に反映されるものだからである。また、Ｃに座った場合に生じる別の問題として、窓外の風景を眺めようと窓の外に顔を向けると、Ａに座っている人の横顔が視野に入るということがある。なぜこれが問題なのかというと、Ａの乗客は自分が「見つめられている」と感じるからである。こうした誤解は横長の座席でもしばしば起こる。誰もが経験があると思うが、横長の座席に座っているときに、車内広告を読もうとして斜め上方に目を向けていると、隣に座っている人がこちらを気にしてチラリと視線を向けてくることがある。自分が「見つめられている」と誤解しているのである。こういう場合は、ひたすら車内広告を眺め続けなくてはならない。間違っても視線を合わせてはならない。そうすることで、「私は車内広告を見ているのです。あなたの横顔を見ているわけではありません」というメッセージを相手に伝えるのである。そうすれば、「そうか、私を見ているわけではないのだな」と相手も安心するであろう。

以上の考察から、「距離をおいて座る」という規則は、「視線の衝突を避ける」「身体の接触を避ける」という二つの規則から成っていることが明らかになった。最初の乗客がAに座っている場合に、二番目の乗客がDに座るのは、そこが視線の衝突と身体の接触の二つを同時に回避しやすい座席であるためである。

### (3)　「距離をおかずに座る」のが規則となる場合

他者を見つめる（他者と見つめ合う）、他者の身体に触れる（他者と身体を触れ合う）という行為は、通常、親密な関係にある者、たとえば家族や恋人同士にしか許容されない愛情表現行為である。逆にいえば、そうした親密な関係にある者は、人前で、見つめ合ったり身体を触れ合ったりすることで、自分たちが親密な関係にあることを周囲に向かって呈示しようとする。並んで座れるのにバラバラに座る家族がいたとしたら、それは不自然なものとして他者の目に映るであろう。ここでは

「距離をおかずに座る」ことが規則になるのである。

また、通勤電車ではなく、旅行客の多い列車の座席では、知らない者同士が言葉を交わしたり、飲食物を勧めたり勧められたりする光景を目にすることがある。これは旅行という非日常的な時間と空間の中で日常的な規則が効力を失うためと解釈することができる（このことの極端な例が「旅の恥は掻き捨て」とよばれる確信犯的な規則違反である）。

## 三　優先席の場合

### (1)　指定席と優先席

ここまではどの座席に座るのも本人の自由（少なくとも明示された規則の水準では）ということを想定して、そこに働いている暗黙の規則について考察してきた。しかし、車内には誰が座るかについて明示された規則のある座席というものが二種類ある。指定席と優先席である。指定席はお金を払って座る権利（指定席券）を購入した特定個人だけがそこに座ることができる。一方、優先席というのは特定個人のためのものではなく、高齢者、妊婦、乳児を抱えた人、松葉杖をついている（足に怪我をしている、あるいは障害をもっている）人といった一群のカテゴリーに該当する人たちが優先的に（ただし独占的にではなく）座る座席であることが図柄によって示されている。

　社会の全人口に占める老年人口（六十五歳以上）の割合が七％を越えると、その社会は高齢化が始まったとみる。わが国では一九七〇年に七％を越えた。高度成長の終わりは同時に高齢化の始まりでもあった。

ＪＲの優先席のマーク

優先席 Priority Seat
おゆずり下さい。この席を必要としているお客さまがいます。

現在の優先席の前身であるシルバー・シートが山の手線や中央線の車両に設置されたのは一九七三年九月十五日のことである。それから二十年後、一九九七年四月九日にＪＲ東日本はシルバー・シートを優先席と改名し、優先されるべき人間のカテゴリーを拡大した（他の交通機関も順次これに従った）。「優先」であって「指定」ではないから、それ以外の人間が座ってはいけないわけではない。ただし、優先されるべき人間が現れたら、そうでない人間は席を立たなければならないというのが優先席というものの一般的理解であろう。

## (2) 優先席をめぐる困惑

しかし、現実はなかなかそう簡単にはいかない。優先席が優先席として機能するためには、優先されるべき人間が電車に乗ってきたら優先席に座っていた非該当の乗客が席を譲らなくてはならないわけだが、そうしない理由はたんにモラルの低下のためだけではない。座席を他人に譲るという行為にはある種の勇気がいるのだ。第一に、それは席を譲らずにいる他の乗客に対する非難、つまり「みなさんは席を譲らないのですね」というメッセージを含んでいる。もし周囲の乗客が席を譲る人に対して賞賛だけを与えるのであれば、席を譲るという行為はずっとしやすくなるだろうが、実際は、「いい格好しやがって」「私たちに恥をかかせたわね」というまなざしも含まれているのである。第二に、席を譲ろうとしても、相手に「いいえ、けっこうです」と断られるかもしれない。これは高齢者に席を譲ろうとするときにしばしば発生する事態である。現代社会は「若さ」に価値をおく社会なので、自分が高齢者に見られること、高齢者として扱われることを忌避する雰囲気がある。「私はまだ若い」「年寄り扱いしないで」というわけである。そのため、誰がどうみても間違いなくお年寄りという場合は別として、高齢者（らしく見える人）に席を譲る場合は、その人の態度を見て（席を譲ってほしいような素振りをしているか否か）判断を下さなくてはならないのである。

同様のためらいは妊婦（らしく見える人）に席を譲る場合にも生じる。妊婦さんだと思って席を譲ろうとしたらたんに太った女性であった場合、これは自分を高齢者だと思っていない人に席を譲ろうとした場合よりも、いっそう相手に対して失礼であろう。そもそも周囲から見て妊婦であるとわかるほどお腹が大きくなるのは妊娠五、六ヵ月以降のことで、悪阻（つわり）で苦しむ妊娠初期は周囲からはほとんど妊婦であることがわからない。だから自分が妊婦であることを周囲に示すマタニティーマーク（二〇〇六年八月から首都圏の鉄道十六社が無料配布している）というものが考案されたのだが、それほど普及してはいないようである。

マタニティーマーク

筆者は五十歳代であるから、一般の席と優先席が空いていたら、もちろん一般の席に座る。一般の席が埋まっていて優先席が空いている場合は、二通りあって、疲れていなければ座

らず、疲れていれば座る。ただし、疲れているので座った場合でも、眠ったりしては駄目で、ドアが開くたびに優先されるべき人間が入ってこないかどうかに気を配っていなければならない。たまに優先席に座って本を読んでいて、目の前に優先されるべき人間がいることに気づかず、途中で気づいて、あわてて立ち上がることがある。

仮に自分が優先されるべき人間であったとしよう（誰でもいずれそうなる）。電車に乗る。どこにも空席はない。そして優先席には自分に対して席を譲るべき人間が座っている。さて、どうするか。優先席の前に立って、座っている人間が自分に気づき、席を譲ってくれることを期待するか。たぶん筆者はそうしないだろう。第一に、それは物乞いのような気分がするし、第二に、期待したとおり席を譲ってもらえなければ腹が立つからである。そこでどうするかというと、ドア付近の場所に留まって、車窓の風景か車内の広告に目を向けつつ、優先席あるいは一般の席に座っている善意の人間が、自分に声をかけてくれるのを密かに期待するであろう。実際、優先席に座るべき人間の多くがそのような所作をとっていることを、私たちは日々の車内観察から知っている。優先席の周囲には緊張と憤懣と落胆が漂っている。

### (3)　進化する高齢者

ところが、ある日、電車の中で筆者はとても新鮮な光景に出会った。一人の女性の高齢者が優先席の前に立って、そこに座っている若いサラリーマンに対して、「すみませんが、座らせていただけませんか」と穏やかな口調で（決して相手を非難するような口調ではなく）言ったのである。言われた若いサラリーマンは、びっくりしたのであろう、反射的に席を立って車内の別の場所に黙って移動した。彼女は優先席に静かに腰を下ろした。筆者は彼女の一連の行動を見て、新しいタイプの老人の出現を見た思いがした。卑屈になるのでもなく、かといって図々しくなるのでもなく、きわめて自然に、自分が優先席に座るべき人間であることを呈示することのできる高齢者である。社会の超高齢化と公共マナー（他者への配慮）の低下が同時進行する現代にあって、そうした厳しい環境に適応すべく、高齢者も徐々に進化しているのである。

「すみませんが、座らせていただけませんか」――この言葉をごく自然に言えるようになるためにはかなりの修行を積まなければならないだろう。筆者も大学を定年で辞めるときまでにはそれができるようになっていたい。しかし、その前に、自分が目の前の相手からその言葉を言われたときに、「あっ、気がつかなくてすみませんでした。さあ、どうぞ」と落ち着いて応対できるようになりたい。高齢者の進化と歩調を合わせて、中年も若者も進化していかなくてはならない。

喫茶室

**バンコクの地下鉄の優先席**

下の写真はタイの首都バンコクの地下鉄の優先席のマークである。ただし、日本のように特定の座席が優先席としてあるわけではなくて、車内で優先されるべき人間のカテゴリーが表示されているのである。左から、僧侶、子供、妊婦、高齢者である。妊婦と高齢者が優先されるべき人間であるのは日本と共通だが、僧侶はタイならではといえよう。子供は、日本であれば、むしろ高齢者に積極的に座席を譲るように学校で教育されているわけで、子供観の違いといえようか。

โปรดเอื้อเฟื้อที่นั่งแก่
พระภิกษุ สามเณร เด็ก สตรีมีครรภ์ และคนชรา
Please offer the seat to those in need.

# 第六章

## 電話空間での相互作用

第四章で取り上げた家族の寝方にしろ、第五章で取り上げた電車の座席の座り方にしろ、それは対面的な相互作用、相手の表情や身体を見ながらの相互作用であった。しかし私たちが日常生活のなかで経験する相互作用はこうした対面的な相互作用ばかりではない。郵便、電話、インターネットなどを媒介（メディア）とする相互作用も日常生活の中で大きな位置を占めている。本稿では電話空間（物理的な空間ではなく、電子信号に変換された音声が行き交う仮想空間）における相互作用を取り上げる。

# 一　電話の暴力性と利便性

## (1)「電話のベルが鳴った。」

村上春樹のデビュー作『風の歌を聴け』は「一九七〇年八月八日に始まり、十八日後、つまり同じ年の八月二六日に終わる」二十一歳の大学三年生の夏休みの物語である。都市に住む人間の孤独感、喪失感をクールな文体で描いて、若者たちの圧倒的支持を得た小説である。この小説のなかで電話（固定電話）が重要な小道具として使われている。たとえば、「電話のベルが鳴った。」というセンテンスで始まる章がこの小説には四つある。最初の電話はラジオのディスクジョッキーからかかってくる。

　七時十五分に電話のベルが鳴った。
　僕は居間の籐椅子に横になって、缶ビールを飲みながらひっきりなしにチーズ・クラッカーをつまんでいる最中だった。
　「やあ、こんばんは。こちらラジオN・E・Bのポップス・テレフォン・リクエスト。ラジオ聴いててくれたかい？」

**メディア**
情報の伝達における媒体をメディアという。不特定多数の人びとに向けて一方向的な伝達を行うメディアをマス・メディア（新聞、本、ラジオ、テレビなど）で、個人と個人の間で双方向的な伝達を行うメディアをパーソナル・メディア（手紙、電話、メールなど）という。情報に限らず相互作用の媒介一般をメディアと考えることもできる。この考え方によれば、言語、貨幣、交通手段などもメディアである僕は口の中に残っていたチーズ・クラッカーを慌ててビールで喉の奥に流し込んだ。

「ラジオ?」

「そう、ラジオ。文明が産んだ……ムッ……最良の機械だ。電気掃除機よりずっと精密だし、冷蔵庫よりずっと小さく、テレビよりずっと安い。君は今何してた。」

「本を読んでました。」

「チッチッチッ、駄目だよ、そりゃ。ラジオを聴かなきゃ駄目さ。本を読んだって孤独になるだけさ、そうだろう?」

「ええ。」

「本なんてものはスパゲティーをゆでる間の時間つぶしにでも片手で読むもんさ。わかったかい?」

「ええ」

断るまでもないことだが、このディスクジョッキーは「僕」の知り合いではない。ラジオ番組の本番中に「僕」に電話をかけてきたのである。二人の会話はディスクジョッキーの一方的なペースで進み、しかも二人の会話はそのままラジオで流れている。ここに電話（固定電話）というメディアの特徴の一つが描かれている。それは暴力性ということだ。電話のベルはいつも突然鳴る。そして、電話が鳴ったら、私たちはその電話が誰からかかってきたものかわからないままに、いや、誰からかかってきたものかわからないからこそ、そのときしていることを中断して、とりあえず受話器を取らないわけにはいかない。電話とは強制的なメディアである。

### (2) 空間の超越と時間の節約

ところで、ディスクジョッキーが「僕」に電話をかけてきたのは、「僕」にリクエスト曲（ビーチ・ボーイズの「カリフォルニア・ガールズ」）をプレゼントした女の子がいたからである。高校の修学旅行のときに、彼女が落としたコンタクト・レンズを「僕」が拾ってあげて、そのお礼にビーチ・ボーイズのレコードを貸してくれた女の子だ（しかし、そのレコードを「僕」はなくしてしまっていた）。彼女の名前を思い出せたら番組特製のTシャツを送るとディスクジョッキーは言った。「僕」はビーチ・ボーイズのレコードを買って彼女に返そうとする。

三日間、僕は彼女の電話番号を捜しつづけた。僕にビーチ・ボーイズのＬＰを貸してくれた女の子のだ。

僕は高校の事務所に行って卒業生名簿を調べあげ、それをみつけた。しかし僕がその番号に電話をかけてみるとテープのアナウンスが出て、その番号は現在使われておりません、と言った。僕は番号調べを呼び出し彼女の名前を告げたが、交換手は5分間捜しまわった末に、そういったお名前ではどうも電話帳には載っておりません、と言った。そういったお名前では、というところが良い。僕は礼を言って電話を切った。

翌日、僕はかつてのクラス・メートだった何人かに電話をかけて、彼女について何か知らないかと訊ねてみたが、誰も彼女については何も知らなかったし、大部分は彼女が存在していたことさえ覚えてはいなかった。最後の一人は何故だかわからないが僕に向かって、お前となんかは口も聞きたくない、と言って電話を切った。

三日目に僕はもう一度学校に行き、事務所で彼女の進んだ大学の名前を教えてもらった。それは山の手にある二流の女子大の英文科だった。僕は事務所に電話をかけ、自分はマコーミック・サラダドレッシングのモニター担当の者だがアンケートに関して彼女と連絡を取りたいので正確な住所と電話番号を知りたい。申しわけないが重要な用件なので、と丁寧に言った。事務員は調べておくので15分後にもう一度電話を頂けないか、と言った。僕がビールを一本飲んでから電話をかけると、事務員は彼女は今年の3月に退学届けを出したと教えてくれた。理由は病気の治療です、と彼は言ったが、何の病気なのか、今ではサラダが食べられるほどに回復しているのか、そして何故休学届ではなく退学届だったのか、といったことについては何も知らなかった。

古い住所でもいいんだけどわかりますか、と僕が訊ねると、彼はそれを調べてくれた。学校に近い下宿屋だった。僕がそこに電話をかけてみると女主人らしい人物が出て、彼女は春に部屋を出たっきり行く先は知らない、と言って電話を切った。知りたくもない、といった切り方だった。

それが僕と彼女を結ぶラインの最後の端だった。

僕は家に戻り、ビールを飲みながら一人で「カリフォルニア・ガールズ」を聴いた。


電話番号は電話社会における個人の住所である。だから電話社会において連絡を取りたい相手の電話番号がわからないという事態は致命的である。「僕」は彼女の電話番号を入手するために（最終的にはそれを断念するために）三日間活動した。しかし、「僕」が実際に足を使ったのは初日と三日目に卒業した高校の事務所に出向いたときだけで、それ以外の探索行動はすべて電話を使って行われた。電話社会のありとあらゆる場所には電話がある。だから電話番号さへ何らかの方法で入手すれば、身体は一定の場所（たとえば自宅）に固定したまま、縦横に張り巡らされた電話回線を通って、電話社会のあらゆる場所に瞬時にアクセスできる。もし「僕」が電話を一切使わずに探索行動を行ったとしたら、何倍もの日数がかかったはずである。電話は空間を超越し、時間を節約するメディアである。

## 二　電話の非人間性と人間性

### (1)　電話の冷たさ

しかし、電話を使った探索は時間の経済の点からは優れた方法だが、その反面、人間的な温かみを欠いたものになりがちである。「僕」の探索行動は、その結末においてだけでなく、その過程においても冷たい感触をともなうものであった。「その番号は現在使われておりません」というテープの声は文字通り機械的であり、「そういったお名前ではどうも載っておりません」という交換手の声は、丁寧ではあるが、事務的である。「お前となんかは口も聞きたくない」というかつてのクラス・メートの返答はあまりといえばあまりだし、「マコーミック・サラダドレッシングのモニター担当の者」という嘘には笑ってしまうが、その嘘に騙されて応対する事務員はちょっと気の毒だ（ここから「振り込め詐欺」までの距離はそんなに遠くないだろう）。最後に「彼女は春に出たっきり行く先は知らない」と言って電話を切った下宿の女主人は、すべての読者を敵に回したことだろう。

### (2) 電話の暖かさ

しかし、電話でのコミュニケーションは必ずしも冷たいものばかりではない。『風の歌を聴け』における残りの三つの「電話のベルが鳴った」はすべて同じ相手からの電話である。それは「僕」の行きつけのバーの洗面所で酔いつぶれていた左手の小指のない若い女の子で、「僕」は彼女を彼女のアパートまで運んで、朝まで様子をみてあげた。しかし、翌朝、意識を取り戻した彼女は、どうして見知らぬ男が自分の部屋にいるのか理解できず、「何もしていない」という「僕」の言葉にも耳を貸さず、「意識をなくした女の子と寝るような奴は最低よ」という言葉を「僕」に投げつけた。数日後、「僕」はビーチ・ボーイズのLPを買うためにたまたま入ったレコード屋で、そこの店員をしている彼女と再会する。「僕」は彼女を昼食に誘うが、彼女から再び「あなたって最低よ」と言われてしまう。彼女からの電話はその数日後にかかってくる。

「もしもし、」と女が言った。それはまるで安定の悪いテーブルに薄いグラスをそっと載せるようなしゃべり方だった。「私のこと覚えてる?」

僕は少し考える振りをした。

「レコードの売れ具合はどう?」

「たいして良くないわ。……不景気なのね、きっと。誰もレコードなんて聴かないのよ。」

「うん。」

彼女は受話器の縁を爪でコツコツと叩いた。

「あなたの電話番号捜すのに随分苦労したわ。」

「そう?」

「『ジェイズ・バー』で訊ねてみたの。店の人があなたのお友達に尋ねてくれたわ。背の高いちょっと変わった人よ。モリエールを読んでたわ。」

「なるほどね。」

沈黙。

「みんなが寂しがってたわ。一週間も来ないのは体の具体が悪いんじゃないかってね。」

「そんなに人気があるとは知らなかったな。」

「……私のこと怒ってる?」

「どうして?」

「ひどいことを言ったからよ。それで誤りたかったの。」

「ねぇ、僕のことなら何も気にしなくていい。それでも気になるんだったら公園に行って鳩に豆でもまいてやってくれ。」

彼女が溜息をついた。煙草に火をつけるのが受話器の向こうから聞こえた。その後ろからはボブ・ディランの「ナッシュヴィル・スカイライン」が聴こえる。店の電話なのだろう。

「あなたがどう感じるかって問題じゃないのよ。少なくともあんな風に言うべきじゃなかったと思うの。」彼女は早口でそう言った。

「自分に厳しいんだね。」

「ええ、そうありたいとはいつも思ってるわ。」

彼女はしばらく黙った。

「今夜会えるかしら。」

「いいよ。」

「八時にジェイズ・バーで。いい?」

「わかった。」

「……ねえ、いろんな嫌な目にあったわ。」

「わかるよ。」

「ありがとう。」

彼女は電話を切った。

## (3)　親密化のプロセス

「私のこと覚えてる?」と彼女は問いかける。「僕」は少し考えるフリをする（誰かはわかっている）。そして「覚えてるよ」と答える代わりに、「レコードの売れ具合はどう?」と聞き返す。あんなひどいことを言われた後だ。ギクシャクした会話になるのはしかたがない。二人の間にはまだ距離がある。それを縮めるのは電話をかけた彼女の役割だ。彼女にもそれはわかっている。彼女は受話器の縁を爪でコツコツと叩きながら、自分にそれを言い聞かせている。

「あなたの電話番号捜すのに随分苦労したわ」と彼女は二人の会話を進展させるべく告白する。電話番号捜しの苦労なら「僕」も経験したばかりだ。しかし、「僕」は「そう?」とあっさり受け流す。「私のこと怒ってる?」という彼女の率直な質問にも、「どうして?」と肩透かしの答えをしてしまう。二人の距離はなかなか縮まらない。「ひどいことを言ったからよ。それで謝りたかったの」と彼女は謝罪の言葉を口にする。それでも「僕」は「僕のことなら気にしなくていい」とあくまでもクールな姿勢を崩さない。彼女は溜息をついて煙草に火をつける。二人の会話には何度か沈黙が生じる。電話は声のメディアである。だから沈黙が生じないように互いに努めるのが、電話でコミュニケーションを行う場合の暗黙の規則であるが、ここでは沈黙は常に彼女によって打開される。それはその沈黙が彼女に属していること、つまり彼女によって打開されるべき沈黙であることを二人が承知しているからである。

「今夜会えるかしら」と彼女は「僕」に電話したときからずっといいたかったことをついに口にする。これが彼女の本当の用件である。謝罪は「僕」に電話をするための口実である（そうでなければ、謝罪した時点で電話を切ってもよかったはずだ）。電話という暴力的なメディアを他人に対して使用するためには、それなりの大義名文が必要なのだ（テレホン・セールスはそれを受けるほとんどの人間にとって迷惑であるが、先方は「これが仕事だから」という大義名分があるので、相手の迷惑も顧みず、電話をかけてくることができるのだ）。

「いいよ」と「僕」は答える。ここから二人の距離は急速に縮まっていく。「……ねえ、いろいろ嫌な目にあったわ。」「わかってるよ。」「ありがとう。」最後は恋人同士の会話に似ている。電話はまなざしを欠いたメディアであるが、「声」はあくまでも身体の一部である。受話器の構造上、私たちは相手の「声」を耳元で感じる。それは通常の面と向かっての会話の場合、非常に親しい者同士でしかありえないことである。電話での会話が苦手な人が多い理由の一つは、沈黙の回避という規則のほかに、こうした身体的距離の「近さ」の感覚への戸惑いがあるように思われる。「僕」と彼女とは、そうした戸惑いを乗り越えて、親密な間柄になっていった（これから先の話は小説を読んでいただきたい）。

　電話は遠く離れた人間同士を瞬時に結びつけるメディアである。長距離恋愛の恋人たちに利用されることもあれば、犯罪に利用されることもある。人びとは、一目ぼれした相手の電話番号を聞き出すことに躍起になり、その一方で、自分の電話番号が知らないうちに世間に出回り（いまや電話番号というデータは一種の商品として市場で売買されている）、ひっきりなしにかかってくるテレホン・セールスに辟易する。好むと好まざるとにかかわらず、私たちの社会は「電話のある社会」であり、私たちの生活は「電話のある生活」である。今日もまた期待と不安のなかで電話のベルは鳴る。

喫茶室

## 固定電話から携帯電話へ

村上春樹『風の歌を聴け』は一九七〇年の物語である。当然、携帯電話などまだない時代の話である。携帯電話の出現と普及によって電話での相互作用はどのように変化したであろうか。

第一に、電話が場所の制約から解放された。従来の電話は自宅の電話にしろ公衆電話にしろ電話の設置されている場所までいかなければ使うことができなかった。また、電話をかけても相手がその場所にいなければ話をすることはできなかった。携帯電話といえども、完全に「いつでも、どこからでも」というわけにはいかず、電車の中や映画館の中では使えない（使いにくい）という制約はあるし、もちろん電波の届かない場所では使えない。それでも従来の固定電話と比べたら場所からの自由度はきわめて大きい。

第二に、電話が個人と個人をストレートに結びつけるようになった。従来の電話は自宅の電話にしろ会社の電話にしろ、集団の所有物であったから、自分が話したい相手が受話器を取るとは限らなかった。他の誰かが受話器を取った場合は、自分が何者であるか説明してから電話を取りついでもらう必要があった。また、話したい相手が電話口に出た後も、周囲に誰かがいるという状況を考慮しないわけにはいかなかった。これに比べて、携帯電話は自分と相手の二人だけの電話空間を容易に作り出すことができる。

第三に、これは予想されなかったことだが、携帯電話にメール機能が付加されたことで、電話での相互作用の頻度は低下した。電話からメールへ相互作用の比重が移ったのである。これはとくに若者の間で著しい。その理由の一つは、電話に比べてメールの料金が著しく安いことであるが、経済的負荷が大きいことだけが電話離れの理由ではない。もう一つの理由は、電話の心理的負荷の大きさである。電話の暴力性や、沈黙の時間が生じないようにするための配慮など、固定電話について指摘したことは携帯電話についてもそのままあてはまる。しかし、メールならいつでも送信できるし、受信しても瞬時に返信する必要はない。かくして携帯電話における電話機能は低下し、携帯電話はケータイ（電話、メール、インターネット、音楽プレーヤー、写真機、ＴＶ受像機などのポータブル多機能メディア）と呼ぶべきものになった。

# 第七章

## 「私」の作られ方

ここまで、私たちの日常生活をマクロな視点とミクロな視点から観察しながら、そこで展開されている人びとの相互作用や、その背後に存在する社会的な規則について考察してきた。その際、観察の視点には常に「私」がいた。それは社会的存在としての「私」であった。社会の内部に組み込まれ、さまざまな社会的な規則を学習し、周囲の他者と円滑な相互作用をしている「私」であった。しかし、「私」は最初から社会的存在であったわけではない。非社会的存在、すなわち新生児としてこの世界に生を受け、他者との相互作用を通してしだいに社会的存在へと変身してきたのである。動物としての人間が社会的存在としての人間になる過程を社会化(socialization)という。最終章となる本章では、この社会化のメカニズムについて考察する。

**社会化(socialization)**
本章では個人が他者との相互作用を通して集団の価値や行動様式を内面化し、集団に適応していく過程という意味で使っているが、これとは別に、(一)家庭などの私的な領域での労働（家事・育児・介護）が家族の手を離れて外部（市場や行政や地域社会）に任されるようになることや、(二)形式社会学の用語で諸個人の相互作用を通して集団や社会関係が形成されていく過程、という意味がある

## 一　幼児期の社会化

社会化の一番のエージェントは家族である。もちろん社会化は家族だけの機能ではない。仲間、地域社会、学校、マス・メディア……こうした集団や機関も子供の社会化に大きくかかわっている。また、社会化は子供時代だけのものではない。企業に就職すれば一人前のサラリーマンになるための社会化が行われるし、病院や施設に入ればものわかりのいい患者や入所者になるための社会化が行われる。人間の一生は集団から集団への遍歴であるから、社会化は生涯にわたる過程であるといえる。とはいうものの、子ども時代に家族のなかで経験する社会化ほど重要なものはない。なぜならそこで学習されることがらは個人がその後の人生で遍歴するさまざまな集団に共通して妥当するきわめて基礎的なものだからである。具体的には以下の三つをあげることができる。

### (1)　生理的欲求の充足の仕方

第一に、生理的欲求の充足の仕方。乳児にあっては生理的欲求と行動とが直結している。空腹を覚えれば泣くし、眠くなれば眠るし、便意をもよおせば排泄する。

泣くことも、眠ることも、排泄することも、すべて本能（生得的な行動様式）である。本能に従ってそれで通用するのは、いつも母親（または保育者）が側にいて乳児の世話をしているからである。母親はいまだ非社会的人間である乳児が社会的環境に適応していくためのアダプターのようなものである。母親に見放されたら乳児は生きていくことができない。しかし、乳児はいつまでも乳児のままでいることはできない。家族の外に活動の領域を広げていこうとする幼児に求められるものは、生理的欲求を社会的に「正しい」仕方で充足する能力である。すなわち、お腹が空いても食事の時間まで待てること、手づかみではなく箸やスプーンを使って食べられること、好き嫌いなく食べられること（食欲の充足の仕方）。朝、眠くても起床できること、夜、眠くなくても就寝できること、添い寝なしで眠れること（睡眠の欲求の充足の仕方）。オシッコを我慢できること、トイレで用を足せること、トイレの後は手を洗うこと（排泄の欲求の充足の仕方）。……こうした行動様式を身に付けることによって、幼児はしだいに社会的人間に近づいていく。

## (2) 善悪の基準

第二に、善悪の基準の内面化。乳児には善悪の観念はない。それは自然の環境のなかに存在しないものなのである。存在するのは快・不快の感覚のみである。本能に従って行動するということは、言い換えれば、不快な状態を避けて快適な状態を求めるということである。人間も動物の一種である以上、快・不快の感覚には支配されている。しかし、社会という人工の環境のなかでは快・不快の感覚よりも善悪の観念の方が重視される（多くの場合、ある限度以上の快の追求は悪と見なされる）。さきほど生理的欲求の「正しい」充足の仕方を身に付けることが求められると述べたが、当初、幼児は何が正しくて何が間違っているかを自分で判断することができない。幼児は周囲の大人の反応によって自分の行動の善悪を間接的に知るのである。褒められたり叱られたりを繰り返しているうちに、しだいに幼児は善悪の基準を理解してゆき、自分自身で善悪の判断ができるようになるのである。そうやってひとたび善悪の基準の内面化に成功すれば、その後の社会化は非常にやりやすくなる。

### (3) 言　語

第三に、言語の習得。言葉は思考の道具であると同時に、他者との相互作用のメディアである。人間の最初の発声は「オギャー」という産声である。これは初めて吸い込んだ空気を勢いよく吐き出すときに発する反射的な音で、知的・感情的意味はない。二ヵ月ほどすると、乳児は「ウー」「アブー」といった発音（バブリング）

をするようになる。これは乳児の機嫌のよいときに聞かれるから、感情的意味はあるかもしれない。しかし、乳児は「ボクハ　イマ　キゲンガ　イインダヨ」ということを周囲の人に伝えようとしているわけではない。十ヵ月ほどすると、大人の音声の模倣が始まる。それは乳児にとって一種の遊びである。人間が最初に使用する有意味語の代表的なものは「ママ」である。これは一つの単語であるが、内容的には一つの文（一語文）である。それが「ママ（お腹減った）」の意味なのか、「ママ（こっち来て）」の意味なのかは状況による。状況から一語文の意味を正しく解釈するには愛情と根気が必要である。複数の単語を文法的に正しく配列して発音する能力は幼児期に飛躍的に発達するが、その発達の過程は、愛情と根気を必ずしも期待できない社会関係の中へ幼児が出て行く過程でもある。

幼児の多用する言葉に「ナニ」と「ドウシテ」がある。「ナニ」は事物それ自体の意味にかかわり、「ドウシテ」は事物と事物の関係（因果関係）にかかわる。どちらの質問も目に見えない対象にかかわる点で共通であり、画期的である。乳児は事物の世界と直結していた。しかし、幼児と世界との間には意味の世界が形成されつつある。大人たちは飽くことなく繰り返される幼児の「ナニ」「ドウシテ」に閉口しながら、幼児の知的探求に一役買うのである。自己と事物の世界との間に横たわる意味の世界の存在を知った人間は、それ以後、事物そのものに対して以上に、事物の意味に対して反応するようになる。

たとえば、道を歩いているときに道の真ん中に大きな岩があれば、人間も動物もそれを迂回して通る。これは岩という事物それ自体に対する反応である。ところが、道の真ん中にチョークで大きな円が描かれていて、その円の中に同じくチョークで「この中に入ってはいけない」と書かれていた場合はどうだろう。動物はそんなものにお構いなく歩き続けるが、人間は「はてな?」と立ち止り、いぶかりながらも、一応迂回するコースを選択するだろう。動物にとっては図形も記号もたんなる石灰の白い粉でしかないが、人間にとっては一定のメッセージなのである。そして社会という人工の環境はさまざまなメッセージで構成される情報環境なのである。言語の習得はそうした情報環境のなかで人間が一種の情報処理システムとして機能するための不可欠の条件なのである。

## 二　人間と自己イメージ

### (1)　自己イメージは人間に固有

「私は……です」という文があって、この「……」の部分にあてはまる言葉を入れなさいといわれたら、あなたはどういう言葉を入れるだろうか。人間が一般の動物と違う最大の点は、自分自身を認識の対象にする能力をもっている点である。たとえば猫は空腹を感じることはあっても、空腹を感じている自分を意識することはないだろう。夕日が好きな犬はいても、夕日を眺めている自分が好きな犬というのはいないであろう。認識の主体としての自己を「I」、認識の客体としての自己を「Me」と呼ぶとすると、動物には「I」はあっても「Me」はない。

しかし、人間といえども生まれたときから「Me」があるわけではない。乳児の世界は自己と世界（他者や物）とが未分化の状態にあるといわれている。それがしだいに他者との相互作用や物との相互作用（たとえばベビーベッドの柵に頭をぶつけたりする経験）を通して、自分の思い通りにならないものの存在に気づくようになり、自己と世界との境界線が明確になっていく。

### (2) 自己イメージの構成要素

さきほどの質問に戻る。「私は……です」の「……」の部分にあてはまる言葉を入れてみてほしい。自分の名前を入れた人は多いだろう。名前は人間が自分を認識するときの重要な要素である。自分の性別を入れた人も多いだろう。「十八歳」や「若者」というように自分の年齢やそれに関連した言葉を入れた人もいるだろう。性別と年齢は自分という人間を社会的にカテゴライズする場合の基本的な要素である。「大学生」や「一人っ子」というように自分が所有する社会的役割によって自分を認識することもよくある方法である。名称を示す言葉（名詞）ではなくて、性質や状態を示す言葉（形容詞や形容句）を入れる人もいるだろう。すなわち、「背が高い（低い）」「太っている（痩せている）」「異性にもてる（もてない）」「勉強ができる（できない）」というように。

### (3) 自己イメージと行動

どういう自己イメージをもつかはたんに認識の次元だけの問題ではなく、行動の次元の問題でもある。たとえば、「私は女である」と認識している人間は「女らしい」行動をするようになるものである。「女だから……していい」（権利）、「女だから……しなくてはいけない」（義務）、「女だから……してはいけない」（禁止）、「女だから……しなくていい」（免除）などなど。「……」の部分の具体的内容には時代や文化による違い、そして個人差があるだろう。しかし、どういう時代、どういう文化にあっても、「女らしい」行動に関する社会通念が存在する。もちろんこれは「女」や「男」に限った話ではない。「若者」「大学生」「一人っ子」「背が高い（低い）人」「勉強ができる（できない）人」についても同様のことがいえる。特定の自己イメージをもつということは、特定の行動傾向をもつようになるということを

**鏡に映った自己（looking-glass self）**
社会学者クーリーの用語で、他者を一種の鏡としてとらえ、そこに映った自己の姿を見て、個人は自己を認識していくという考え方

意味する。

## (4) 自己イメージと他者

このように自己イメージは人間にとって非常に重要なものなのであるが、人間は自己イメージを自分勝手に作ることはできない。もしそれができるのであれば人生はずいぶんと楽になるであろう。なにしろ自分にとって心地よい自己イメージを作り上げてそのなかに浸っていられるのだから。しかし、現実にはそれはできない相談である。自己イメージは個人的な想像の所産ではなく、他者との相互作用を通じて形成される社会的な産物なのである。自己イメージの重要な構成要素である名前が他者（親）から与えられたものであるという事実は象徴的である。そこには、通常、子供に対する親の願望が込められている（喫茶室「子どもの名前」参照）。たとえば「明子」という名前には明るい性格の女性に育ってほしいという親の期待が込められている。彼女は明るく振舞うことを期待されているのだ。その結果、そうなることもあるだろうし、明るく振舞えずに悩むこともあるだろう。いずれにせよ、名前に込められた親の期待が彼女の自己イメージの形成に影響を与えているのである。一般に、自己イメージは自分に対する他者の期待や評価（他者が自分という人間をどう見ているか）が内面化されたものにほかならない。それは他者という鏡に

映った自己（looking-glass self）の姿なのである。自分を認識するためには他者の視点が必要であるということ——おそらく人間が社会的な存在であるということの根本的な意味がここにある。

**重要な他者（significant others）**
社会化の過程で個人に及ぼす影響の大きな他者のこと。他者はすべて自己を映す鏡であるとしても、すべての鏡が自己から等距離にあるわけではない。子どもの身近にいて、子どもの自己イメージの形成・変容に大きな影響を与える両親、きょうだい、教師、親しい友達などがその典型的な例である

## 三　自己イメージの形成と変容

### (1)　幼児期の自己イメージ

一般に、幼児の自己イメージはプラスの状態に保たれている。なぜなら幼児にとっての重要な他者（significant others）であるところの親（とくに母親）は、自分の子どもに対して愛情のこもったまなざしを向けるものだからである。つまり、親は自分の子どものことを「おまえはかわいい」「おまえはいい子だ」と好意的に評価するものである。そうした評価は直接言葉で表現されるだけでなく、笑顔や抱擁といった身体技法によっても表現される。子どもはそうした自分に対する親の評価を内面化し、「わたしはかわいい子だ」「ぼくはいい子なんだ」というプラスの自己イメージを形成する。精神分析の祖であるジグムント・フロイトは、幼児のこうした心的状態を一次的ナルシシズムとよんだ。すなわち人間は基本的にナルシシストとして人生をスタートする。

もちろんすべての親が自分の子どもに対してプラスのまなざしを向けるとは限らない。それは本能というよりもむしろ学習的なもの、「親らしさ」の一部だからである。「自分の子どもを愛さない親はいない」という言い方がよくされるが、この言葉は、子どもを愛することが親の本能であると理解するべきではなく、「自分の子どもを愛すべし」という暗黙の規則がいかに強いものであるかの証拠として理解すべきものである。不幸にして、この暗黙の規則に従えない親に育てられた子どもは（幼児虐待や遺棄）、プラスの自己イメージを形成することが困難である。

### (2) 児童期の自己イメージ

子どもが家族の外側に歩み出していくとき、そこには必ずしもプラスのまなざしで自分のことを見てはくれないたくさんの他者との相互作用が待っている。フロイト流にいうと、人生とは自己イメージが傷ついていく過程である。早くも小学生になる頃には、子どもは大人と同じように、プラスの要素とマイナスの要素の複雑に入り混じった自己イメージを形成するに至る。

いや、正確にいえば、子どもと大人の自己イメージはまったく同じというわけではない。一番大きな違いは、子どもの自己イメージはきわめて受動的に形成されたものであるという点である。子どもは他者の評価を、それがプラスの評価であれ、マイナスの評価であれ、無批判的に受け入れてしまいがちである。「君は勉強ができる」といわれれば「そうか、僕は勉強ができるんだ」と思い込み、「あなたは太っている」といわれれば「そうか、私は太っているんだ」と思い込んでしまう。子どもの自己イメージは他者の評価に対してあまりに無防備である。

もう一つ、子どもの自己イメージは学業成績、運動能力、容姿、性格といった子ども本人の属性に影響されるだけでなく、親の職業や経済状態といった家族的要因によっても大きく影響される点もあげておく必要があるだろう。どのような親の下に生まれるかを子どもは選ぶことができない。選ぶことができない要因、すなわち生得的要因から受ける影響は、人生の早い段階ほど大きいといわねばならない。

### (3)　思春期における自己イメージの変容

多くの子どもは思春期に自己イメージの大きな変化を経験する。第一に、中学進学といった所属集団の変化は、学校で相互作用する他者の総入れ替えをともなう。自分の姿を映す周囲の鏡（他者）が新しいものと入れ替わるわけだから、当然、自己イメージの変化が起こるはずである。第二に、第二次性徴の発現に象徴される身体の変化は、ダイエットや整形手術とは違って、自分の意思とは関係なく生じる身体の変化である。それは子どもの身体の上に成り立っていた既存の自己イメージを大いに揺さぶるものだろう。

ただし、既存の自己イメージが変化するためには既存の自己イメージを支えていた重要な他者の承認を必要とする。すなわち、彼らに「自分はもうあなたが思っているような人間ではないのだ」ということをわかってもらう必要がある。そのメッセージは、言葉によって表現されることもあるが、他者のいうことを無視したり、それに反発したりといった行動になって現われることの方が多い。これが第二次反抗期とよばれる現象である。それは人間が受動的な自己イメージから脱皮して、より主体的に自己イメージを再構成していこうとするときの、いわば陣痛のようなものである。自己イメージの形成・変容の過程における一般的現象であって、決して病理的な現象ではないのである。

むしろ第二次反抗期のない「いい子」こそ、親や教師によって作られた受動的な自己イメージの殻を破れないままに若者になっていく子どもたちであるわけで、ある意味、この方が問題を内在しているともいえる（反抗の先送り）。他者の期待に対していつまでも応え続けることは難しい。他者の期待と自己の希望を折り合わせる能力というのは社会的人間としての重要な能力である。そうした能力は他者への反発や反抗を通じて経験的に身に付けてゆくものである。

喫茶室

**子どもの名前**

明治安田生命は、毎年、自社の保険加入者を対象にした名前のランキングを発表している。表1は、二〇〇七年に生まれた子どもの名前のベスト10である。男の子のトップの「大翔」は「ヒロト」や「ハルト」と読ませるケースが多いようである。

日本語の名前は字の意味あるいはイメージと、音の響きの二つの側面をもっているが、近年の傾向としては、まず音の響きを決めてから、それに字を当てはめるという方式が多い。男の子は、大らかで、爽やかで、優しい名前が好まれるようである。女の子は、「癒し系」というのだろうか、柔らかで、暖かで、そして美しい印象の名前が好まれるようである。

表2は、三十年前の一九七七年に生まれた子どもの名前のベスト10である。二〇〇

表1　2007年生まれの子どもの名前ベスト10

| | 男の子 | 女の子 |
|---|---|---|
| 1位 | 大翔 | 葵 |
| 2位 | 蓮 | さくら、優奈 |
| 3位 | 大輝 | − |
| 4位 | 翔太 | 結衣、陽菜 |
| 5位 | 悠斗、陸 | − |
| 6位 | − | 七海、美咲 |
| 7位 | 優太、優斗 | − |
| 8位 | − | 美優 |
| 9位 | 大和 | ひなた、美羽、優衣 |
| 10位 | 健太、悠希、翔 | − |

七年生まれの子どもの両親の世代といっていいだろう。男の子の名前が「男らしい」のは当然だが、二〇〇七年の「男らしさ」よりもストレートというか、剛直な印象を受ける。女の子では、二〇〇七年では一つも入って（残って）いなかった「子」で終わる名前が四つある。残りの六つのうち「ミ」の音で終わる名前が四つであるから、「〇〇コ」と「〇〇ミ」の拮抗していた世代といえようか。男の子、女の子ともに、まだ字の意味にウェートが置かれていた世代でもあった。

表3は、六十年前の一九四七年に生まれた子どもの名前ベスト10である。二〇〇七年生まれの子どもの祖父母の世代であると同時に、いわゆる団塊の世代でもある。男の子では二文字は「和夫」だけで、あとは全部一文字の名前である。その一文字も、平凡な漢字が並んでおり、スッキリというか、アッサリというか、彼らの孫たちの名前と比べると、個性的な命名をしようという志向は感じられない。女の子は全部が「子」で終わる名前で、しかも「〇子」と二文字の名前

表2　1977年生まれの子どもの名前ベスト10

| | 男の子 | 女の子 |
|---|---|---|
| 1位 | 誠 | 智子 |
| 2位 | 大輔 | 裕子 |
| 3位 | 健太郎 | 真由美 |
| 4位 | 剛 | 陽子 |
| 5位 | 大介 | 久美子 |
| 6位 | 学 | 香織 |
| 7位 | 健一 | 裕美 |
| 8位 | 亮 | めぐみ |
| 9位 | 直樹 | 恵 |
| 10位 | 洋平 | 美穂 |

が八つを占めている。男の子の場合と同じく、個性的な命名をしようという志向は感じられない。「和夫」と「和子」、「弘」と「弘子」のように、使われている字は同じで、それに「夫」や「子」を付けることで男女を区別しているだけの名前があることもこの世代の特徴ではないかと思う。つまり名前に込められた価値の男女差は彼らの子どもや孫たちの世代よりも小さいということである。逆説的だが、名前の「男らしさ」「女らしさ」は、戦後六十年という時間の中で、むしろ強化されてきたのである。おそらくそれは「個性的であること」の価値の高まりと、少子化の趨勢の中での子ども観の変化（労働力やイエの跡継ぎとしての子どもから、かわいがりの対象としての子どもへ）と関連した現象であろう。

表3　1947年生まれの子どもの名前ベスト10

| | 男の子 | 女の子 |
|---|---|---|
| 1位 | 清 | 和子 |
| 2位 | 稔 | 幸子 |
| 3位 | 博 | 洋子 |
| 4位 | 進 | 美智子 |
| 5位 | 弘 | 節子 |
| 6位 | 修 | 弘子 |
| 7位 | 茂 | 恵子 |
| 8位 | 和夫 | 悦子 |
| 9位 | 勇 | 京子 |
| 10位 | 明 | 恵美子 |

# おわりに

日常生活のいくつかの断片や断面を手がかりに、人びとの相互作用の背後に存在する暗黙の規則について考察してきた。考察のための材料はまだまだ日常生活のそこかしこにころがっている。試しに自分で何か材料を見つけて、社会学的な考察をしてみてほしい。その助けになるだろう文献については巻末に紹介しておいた。

ある意味で社会学というのはシニカルな学問である。自分の意志で手足を動かしているつもりになっているマリオネットに向かって見えない糸の存在を指摘するようなところがある。しかし、暗黙の規則というのは、万有引力の法則のようなものとは違って人為的なものだから、逆らおうと思えば逆らえるわけだし、変えようと思えば変えることもできる。けれど、自分が従っていることさえ気づいていない規則は、逆らうことも変えることもできない。暗黙の規則の存在を知ることは、人間の自由の必要条件である。

勘違いしてほしくないのは、社会学は「あたりまえのこと（自明性）を疑う」学問、脱常識の学問だけれども、決して非常識な学問ではないということだ。普通の人たちが信じているもの、大切にしているものを片っ端から疑っていって、それに冷笑的なまなざしを向けるために私たちは社会学の勉強をしているわけではない。信じられるものが何一つなければ人間は生きてはいけない。少なくとも生き生きとした表情で生きていくことはできない。何かを無条件に信じたり、盲目的に絶対化したりするのではなく（それは容易に他者に対する非寛容な態度と結びつく）、あらゆる価値のイデオロギー性や相対性を認識しつつも「これを信じて生きていこう」と信じられるものを自分で選び取ることが大切である。そのとき、その選び取った価値がどんなに平凡なものであっても、それは少しも恥じるべきことではない。

最後に少しばかり熱く語ってみました。

二〇〇八年一月

雪の降った日の冷え込む夜に

大久保　孝治

## 〈参考文献〉

ここでは、本文中で引用した文献の紹介にとどまらず、読者の今後の学習の便宜を考えて、各章の内容と関連した参考文献の紹介をしておく。

### 第一章　「社会」という言葉

外国語の勉強を始めるときに辞書が必要なように、自分にとって新しい学問の勉強を始めるときにはその分野の専門用語の辞書が手元にあった方がよい。比較的安価で入手しやすい社会学辞典・事典を三冊挙げておく。なお、辞典・事典は改訂されることがあるので、その時点での最新版を購入すること。

(1)『社会学小辞典（新版増補版）』（有斐閣、二〇〇五）
(2)『社会学事典（縮刷版）』（弘文堂、一九九四）
(3)『社会学用語辞典（全訂版）』（学文社、一九九二）

英語が得意な人は英語で書かれた社会学辞典を使ってみるのもいいだろう（ペーパーバックなので安価）。

(4) *A Dictionary of Sociology* (Oxford Univ. Pr., 2007)

次の事典は用語の解説ではなく社会学の代表的な著作の解説である。少々値は張るが、手元にあると便利な事典である。

(5)『社会学文献事典』（弘文堂、一九九八）

「コラム」で和製漢語としての「社会」について述べたが、こうした和製漢語について関心のある人には次の本を勧める。

(6)　柳父章『翻訳語成立事情』(岩波新書、一九八二)

社会学全般を広く扱った教科書はたくさんあるが、最近出た次の本を勧める。

(7)　長谷川公一ほか『社会学』(有斐閣、二〇〇七)

次の二冊は、まったくの初心者がいきなり読むには少し難しいかもしれないが、「あたりまえのこと」を疑うという視点から書かれた社会学(的思考)のユニークな入門書。

(8)　R・コリンズ『脱常識の社会学』(井上俊・磯部卓三訳、岩波書店、一九九二)

(9)　前田泰樹・水川善文・岡田光弘編『エスノメソドロジー』(有斐閣、二〇〇七)

## 第二章　近代社会の二重構造

社会学者は昔から社会が性質を異にする二種類の領域ないし関係性から成り立っていることに着目していた。次に挙げる二冊はそうした視点から書かれた社会学の古典である。ただし初心者がいきなり読むには読みやすい本とはいえない。

(10)　F・テンニース『ゲマインシャフトとゲゼルシャフト』(杉之原寿一訳、岩波文庫、一九五七)

(11)　R・M・マッキーヴァー『コミュニティ』(中久郎・松本通晴訳、ミネルヴァ書房、一九七五)

本章では、労働とお金の交換・不交換という視点から近代社会二重構造を論じたわけだが、こうした議論に関心のある人は次の本を勧める。易しくはないが、論理は明晰である。

(12) 上野千鶴子『家父長制と資本主義』（岩波書店、一九九四）

なお、上野は現在、雑誌『at』（太田出版）に「ケアの社会学」を連載中だが、単行本になったら手にとってみてほしい。

シャドウ・ワークというイリイチの用語に関心をもった人には、彼の次の著作を勧める。

(13) I・イリイチ『シャドウ・ワーク』（玉野井芳郎・栗原彬訳、岩波書店、一九八二）

(14) I・イリイチ『ジェンダー』（玉野井芳郎訳、岩波書店、一九八四）

「コラム」で引用したミルズの本は次のもの。現在は新装版が出ている。

(15) C・W・ミルズ『社会学的想像力』（鈴木広訳、紀伊国屋書店、一九六五）

第三章　日常生活の構造

個人の日常生活を構造化するとともに、諸個人の行動をリンクさせている大きな力の一つは社会的な時間である。「時間を守る」は近代社会の根幹にかかわる規則である。時間をテーマとした社会学の文献として、次のものを挙げておく。

(16) 真木悠介『時間の比較社会学』（岩波書店、一九八一）

(17) 岩波講座現代社会学6『時間と空間の社会学』（岩波書店、一九九六）

役割をキーワードに個人の行為を演技としてとらえたゴフマンの多数の著作のなかから、一冊選ぶとすれば次のものだろう（表記は「ゴッフマン」となっている）。

(18) E・ゴッフマン『行為と演技』（石黒毅訳、誠心書房、一九七四）

## 第四章　家族の寝方

本章で取り上げた家族の寝方に関する文献を挙げておく。なお、(21)は、日本家族社会学会全国家族調査（ＮＦＲＪ）委員会のホームページで閲覧ならびにダウンロードができる。

(19) Caudill.W. and Plath.D.W., 1966, "Who Sleeps by Whom?:Parent-Child Involvement in Urban Japanese Families," *Psychiatry*, 29.
(20) 森岡清美『家族周期論』（培風館、一九七三）
(21) 大久保孝治「家族の寝方に関する研究」、熊谷苑子・大久保孝治編『コーホート比較による戦後日本の社会変動の研究』（日本家族社会学会全国家族調査委員会、二〇〇五）http://www.wdc-jp.com/sfs/committee/contents/NFRJS01-publishing.htm

本章で取り上げた一九六〇年代の代表的育児書は次の二冊。

(22) B・スポック『スポック博士の育児書』（暮らしの手帖社、一九六六）
(23) 松田道雄『育児の百科』（岩波書店、一九六七）

育児書の社会学的研究として次の本をあげておく。

(24) 天童睦子『育児戦略の社会学』（世界思想社、二〇〇四）

## 第五章　電車の座席の座り方

電車の中の空間は現代社会における他人同士の相互作用について観察・考察を行うのに格好のフィールドである。本章では「座席に座る」という行為に着目したわけだが、次の文献では「電車の中で足を踏まれる」という行為に着目して車内の秩序の乱れと修復のメカニズムについての考察が行われている。

(25) 奥村隆「儀礼論になにができるか」奥村隆編『社会学になにができるか』(八千代出版、一九九七)

奥村も取り上げているが、集団の秩序の乱れと修復のメカニズムについて考える場合、デュルケムとゴフマンの著作は重要である。

(26) E・デュルケム『宗教生活の原初形態』上・下(古野清人訳、岩波文庫、一九四一、一九四二)

(27) E・ゴフマン『儀礼としての相互行為』(広瀬英彦・安江孝司訳、法政大学出版局、一九八六)

## 第六章　電話空間での相互作用

次の本は、メディア論の古典中の古典。才気煥発というか、エキセントリックな文体が鼻に付くところはあるけれども、「電話」のところは読んでおくべきだろう。

(28) M・マクルーハン『メディア論』(栗原裕・河本仲聖訳、みすず書房、一九八七)

本章のテーマである電話というメディアに特化した文献としては次のものを勧める。携帯電話が普及する前に書かれた本だが、電話というメディアの特性について示唆に富んだ考察がちりばめられている。

(29) 吉見俊哉ほか『メディアとしての電話』(弘文堂、一九九二)

携帯電話に特化した文献としては次の二冊を勧める。
(30) 岡田朋之・松田美佐編『ケータイ学入門』（有斐閣、二〇〇二）
(31) 松田美佐・岡部大介・伊藤瑞子編『ケータイのある生活』（北大路書房、二〇〇六）

第七章　「私」の作られ方

社会学的自己論の古典といえばこの本である。ただし、初心者向きではない。
(32) G・H・ミード『精神・自我・社会』（稲田三千男ほか訳、青木書店、一九七三）
初心者にはこちらの本を勧める。
(32) 井上俊・船津衛編『自己と他者の社会学』（有斐閣、二〇〇五）
フロイト理論からみた自己の形成過程についての非常にわかりやすい入門書として次の本を勧める。
(33) 岸田秀・伊丹十三『哺育器の中の大人―精神分析講義』（文春文庫、一九九五）
本章では触れることができなかったが、社会的自己論の新しい潮流として物語的自己論というものがある。これは「自己を語る」という行為を通して自己が形成・維持される点に着目する自己論である。何冊か紹介しておこう。
(35) 浅野智彦『自己への物語論的接近』（勁草書房、二〇〇一）
(36) 片桐雅隆『自己と「語り」の社会学』（世界思想社、二〇〇〇）
(37) 野口裕二『ナラティブの臨床社会学』（勁草書房、二〇〇五）

# 早稲田社会学ブックレット出版企画について

社会主義思想を背景に社会再組織化を目指す学問の場として一九〇三年に結成された早稲田社会学会は、戦時統制下で衰退を余儀なくされる。戦後日本の復興期に新たに自由な気風のもとで「早大社会学会」が設立され、戦後日本社会学の発展に貢献すべく希望をもってその活動を開始した。爾来、同学会は、戦後の急激な社会変動を経験するなかで、地道な実証研究、社会学理論研究の両面において、早稲田大学をはじめ多くの大学で活躍する社会学者を多数輩出してきた。一九九〇年に、門戸を広げるべく、改めて「早稲田社会学会」という名称のもとに再組織されるが、その歴史は戦後に限定しても悠に半世紀を超える。

新世紀に入りほぼ十年を迎えようとする今日、社会の液状化、個人化、グローバリゼーションなど、社会の存立条件や社会学それ自体の枠組みについての根底からの問い直しを迫る事態が生じている一方、地道なデータ収集と分析に基づきつつ豊かな社会学的想像力を必要とする理論化作業、社会問題へのより実践的なかかわりへの要請も強まっている。早稲田社会学ブックレットは、意欲的な取り組みを続ける早稲田社会学会の会員が中心となり、以上のような今日の社会学の現状と背景を見据え、「社会学のポテンシャル」「現代社会学のトピックス」「社会調査のリテラシー」の三つを柱として、今日の社会学についての斬新な観点を提示しつつ、社会学的なものの見方と研究方法、今後の課題などについて実践的な視点からわかりやすく解説することを目指すシリーズとして企画された。多くの大学生、行政、一般の人びとに広く読んでいただけるものとなることを念じている。

二〇〇八年二月一〇日

早稲田社会学ブックレット編集委員会

---

**大久保孝治**（おおくぼ・たかじ）
一九五四年東京生まれ。現職：早稲田大学文学学術院教授
早稲田大学第一文学部人文専修卒業、早稲田大学大学院文学研究科社会学専攻博士課程単位取得退学
専攻：ライフストーリー研究　知識人論　家族社会学

**主な著書**
『ライフコース論』（共著）放送大学教育振興会、一九九五『新訂 生活学入門』（共著）放送大学教育振興会、一九九八『きみたちの今いる場所』数研出版、二〇〇〇『変容する人生』（編著）コロナ社、二〇〇一など